デスクと
気持ちの片づけで
見違える、わたしの仕事時間

整理収納アドバイザー Emi

きっかけは
小さな工夫の積み重ね

最初は、ほんのささいなこと。
山盛りになっていた引き出しのペンを、
よく使っているものだけを残して手前に収納。
それだけなのに、ペンがさっと取り出せ、「よし!」。
苦手だと思っていた先輩に笑顔で挨拶をしてみた。
先輩の言葉が丸くなったように感じて、「よし!」。
小さなことでも、ひとつひとつ積み重ねていくうち、
仕事も、暮らしも、前よりうまく回っている気がする。
本当に小さなことで、人は驚くほど前向きになれる。
そして、また新たな工夫がしたくなる。
うまく回る快感を知ることで、次の一歩が踏み出せます。

職場の景色が変わる
明日、会社に行きたくなる

「ああ、明日、会社に行くの、ちょっとしんどいな〜」
「仕事は仕事、そう割り切ろう」
少し仕事に疲れたり、あきらめたり……。
でも、当たり前にやってきたことをちょっと見直すだけで
「わ、便利になった！」「これだけのことなのに、ラク！」と
なんだか、心の中で小さくガッツポーズをしたくなる。
ワクワクを感じられる瞬間が、仕事でも、実はたくさんあります。
職場の人間関係や、仕事内容は簡単には変えられないけれど、
自分がささやかな工夫をしたり、気持ちを切り替えたりは
今すぐできること。
すると同じ環境でも、景色が少しずつ変わりはじめます。

進行中
A社
B社

〝ラクする〟を心がけると、大事な時間が生まれる

仕事の工夫を探すとき、大切にしたいのは
どうしたら、〝ラク〟になるか？という視点。
ラクするというのは、誰かに押しつけたり手抜きしたり
することではなく、時間を生み、効率化すること。
小さな不便をそのままにしないということでもあります。
3本のペンを持ち替えながら作業するより、
1本で3倍の機能があるペンを使うほうが、ずっとラク。
たった数秒のことでも、毎日であればやがて積み重なって
自分の時間を増やしてくれます。
来年の目標を考える、家族と少し長く過ごす。
そんな時間が、仕事をもっと楽しくしてくれます。

はじめに

書類はなだれがおきやすいリングファイルは使わず、すべて透明のクリアファイルで管理。仕切りが細かく分かれている収納ボックスを使うのではなく、どこでも手に入るファイルボックスを使う。シンプルに簡単に、できるだけコストをかけず素早くできる仕事の工夫を日々、心がけています。

学生時代から仕事や家事の時短に興味があった私は、今からさかのぼること約10年前、インテリアや暮らしの工夫を綴るブログ「ＯＵＲＨＯＭＥ」を始めました。当時は大学を卒業し新卒で入社した、通販カタログの商品企画をする会社員。そこから8年務めた会社を退社して、フリーランスとなりました。

現在は、整理収納アドバイザーとして、執筆、セミナー活動に加え、２０１５年に法人化した会社を夫婦で経営し、働くママスタッフ8名といっしょにレッスンスタジオと、オンラインショップの運営を行っています。

前職の会社員時代に男女の双子を出産し、仕事復帰をしたタイミングでは、「家庭と仕事、もちろん両方大事なんだけれど、どちらも中途半端になってしまっている……」と、悩んだ時期もありました。でも、人生はたった一度きり。時間には限りがあります。仕事と家庭のどちらが大事か、やめようか、続けようか、大変な毎日をどうしたらいいの……と〝悩むこと〟に大切な時間を使うのではなく、せっかくなら〝工夫すること〟に時間を使いたいと思うようになりました。

デスクと気持ちのちょっとした片づけで、仕事時間は見違えるはず。そして、その先にあるのは、大事にしたい家族との充実した時間です。

10冊目の出版となるこの本では、会社員時代と自営業になってからの88の工夫を1冊の本にまとめました。働く環境は人それぞれで、そのまま取り入れるのが難しいこともあるかもしれませんが、私自身が「これでラクになった」と実感している工夫の中から、できるだけ働き方の種類を選ばず取り入れやすいものを集めました。仕事がうまく回らないとき、疲れたときに、手にとっていただき、何かひとつでも参考になることがありましたら幸いです。

整理収納アドバイザー　Ｅｍｉ

CONTENTS

はじめに 8

CHAPTER 1 仕事がラクになる整理収納&モノ選び 15

1ジャンル1ボックス収納がすべての基本です 16
整理してジャンル分けし、ボックスに必ずラベルを付ける 18
A4対応のファイルボックスを使い、いっぱいになったら、つど整理 20
透明のA4クリアファイルは整理に使えるNo.1アイテム 24
クリアファイルに入れれば、すべてがA4に揃う 26
空のクリアファイルだけの収納ボックスをつくると便利 28
マグネット収納でよく行う作業を効率化 30
大量でどう残していいかわからない保管書類はとにかくスキャン 32

レイアウト印刷でできるだけ紙を減らす 34
名刺はデータで保存すれば場所をとらない 36
デスク整理の前に、自分のデスクにキャッチフレーズをつける 40
定期的に行う作業は使うグッズをひとまとめ 45
週一の15分片づけで仕事の効率がアップ 46
年に2回、大掃除&整理大会を 47
[実録レポート]デスク整理のお悩みを解決! 48
COLUMN
子どもたちにも仕事のことを話す 54

CHAPTER 2 仕事がラクになるテクニック34 55

01 うまくいったときこそ振り返り、そのスケジュールを次回に生かす 56
02 デジタルカレンダーでスケジュールを共有 58

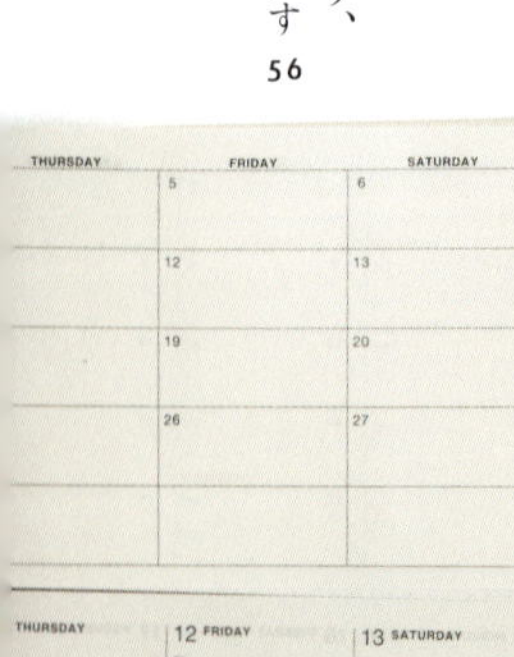

03 紙のスケジュール帳なら
セパレート手帳がおすすめ 60

04 月曜の朝からフル回転できる
〝日曜夜の5分〟 62

05 会社に着いたら
今日やることを宣言する 64

06 1日を〝午前〟〝午後〟〝夕方〟と
3つの時間に分けて考える 66

07 日時の決定は
できるだけ主導権をにぎる 68

08 体のバイオリズムに合わせて
月の中での流れを決めておく 70

09 今後も同じ仕事をするなら
時間の見積もりを必ずとっておく 72

10 100%でなくとも、
途中段階で相談する 74

11 暮らしと仕事はつながっている。暮らしが
効率化されれば、仕事にもいい波及効果が 76

12 仕事に集中するために
家事の手間を減らす工夫 78

13 〝時短〟目線の
文房具選び 82

14 自立するバッグインバッグを
社内で持ち歩く 86

15 打ち合わせや会議のメモは
ノートよりA4用紙がおすすめ 88

16 TODOリストは
ふせんではなく、ノートに 90

17 どんな職業の人にもおすすめ、
〝マイノート〟 92

18 もやもやしたら、
気持ちをどんどん書き出す 94

19 今後も続きそうなことは
〝仕組み化〟する 96

20 5分でできることを
リストアップしておく 98

21 朝のルーティンで
いつもの自分になる 100

22 写真の送付はエアードロップなど、
無線ファイル転送が便利 102

23 提出書類はできるだけ
A4用紙1枚にまとめる 104

24 企画書、資料、メールなど、
ポイントは3つまでにまとめる 106

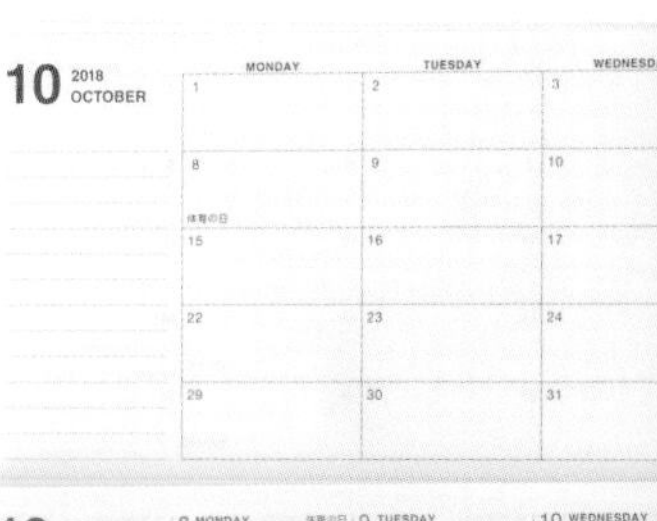

25 メールの着信音を消して集中する 108
26 いくつかの端末でメールを使うなら自分をいつもＢｃｃに入れる 109
27 メールの第一印象は仕事の第一印象 110
28 メールを早く返信すれば、相手のレスポンスも早くなる 111
29 検索力を上げることは仕事力を上げること 112
30 書類づくりは、一からはじめない 114
31 ショートカットキーや用語登録で最終的に近道 116
32 先の手間をとってあとをラクにする 118
33 打ち合わせを１００％生かす３つのポイント 120
34 打ち合わせと会議から〝持ち帰らない〟 122
COLUMN 仕事が大変な時期は成長につながる 124

CHAPTER 3 みんなの働き方 FILE 01～09

125
FILE 01 小さな工夫を積み上げて、やり遂げる――青木さん 126
FILE 02 オンとオフのメリハリで仕事力も上げる――石井さん 132
FILE 03 先回りの工夫でスムーズに仕事を回す――Sさん 136
FILE 04 仕事も家事も合理的に気持ちよく――Tさん 140
FILE 05 通勤時間活用と前倒し意識でバランスを保つ――Kさん 144
FILE 06 デジタルとアナログを使い分ける――Tさん 146

FILE 07 前もっての準備で、突然の困ったに対応——Yさん 148
FILE 08 小さな工夫を重ね、仕事も家事もラクに——Hさん 150
Emiさんに聞きたい！Q&A 152
FILE 09 OURHOMEの働き方 154
COLUMN できない理由を探すのではなく、どうやったらできるかを考える。 166
CHAPTER 4 仕事がラクになるコミュニケーション&気持ちの片づけ 167
「今日じゃなかったんだ」と考える 168
人間関係がうまくいかないときは、先に自分が変わってみる 170
しんどいときに成長する 172
自分が落ち込むバイオリズムを知る 174
自分の仕事が、どんなふうに社会につながっているかを書き出す 176
"目を見て挨拶"が仕事を円滑にする 178
いいなと思ったことはメールでシェア 180
ひとことメモの効果 182
働く仲間へのLINEは仕事時間以外は控える 184
鋭いことを指摘してくれる交友関係を大切にする 186
家族に仕事のことを話し、会社では、家族のことを話す 188
おわりに 190

この本の目的は……

仕事の成果を上げ、
家族との時間も生み出すこと。
小さなことからはじめる一歩が、
働くこと、暮らすことの両方を
うまく回すための仕組みをつくる

気になるトピックを拾い読みするだけで、時短の工夫だったり、気持ちの切り替え方法だったり、明日、職場で試してみようと思える、小さな“なにか”が見つかることを願って、この本をつくりました。

CHAPTER 1

仕事が
ラクになる
整理収納
&
モノ選び

1ジャンル
1ボックス収納が
すべての基本です

家庭でもオフィスでも、整理収納アドバイザーの私が一貫しておすすめしているのは、1ジャンル1ボックスという収納法です。**同じジャンルのモノ、もしくは同じときに使うモノに対して、それぞれひとつの箱や引き出しを用意**し、ほかのジャンルのモノを混ぜないという方法。ボックス1箱に1ジャンルがまとまって入っているというのがわかりやすくてモノが探しやすく、戻すときもただボックスに放り込むだけでいいので、片づけがラク。もっとも便利な収納法です。

そしてこの収納法は、仕事場でもとても活躍します。オフィスの共有の場所では細かい引き出しがあって、それぞれペン、切手、封筒、伝票という具合にすでに1ジャンル1ボックスになっていませんか？　誰もが、どこになにがあるかが把握しやすく、取り出すのも戻すのもラクなはずです。

個人のデスクでおすすめなのは1ジャンル＝1案件として箱をつくること。ボックスは放り込むだけでいいので、ファイリングよりぐっとラクです。紙以外もいっしょに収納でき、中が多少ごちゃついても大丈夫。その**ボックスさえ取り出せば、必要なモノが全部まとまっている状態**になるので、あれがない、これがないと、わざわざ探す必要がなくなり、仕事の効率化にとても役立ちます。

整理してジャンル分けし、ボックスに必ずラベルを付ける

整理したいモノは、いったん全部出して、**ひとつの案件ごとや、同じタイミングで使うモノごとにグルーピング**していきます。全部出すことで、不要なモノが見つかり、無駄なモノを処分することにもつながります。

グループができ、ファイルボックスに入る量であれば、それを1ジャンルとして決定し、ラベリング。**ラベルがないと探しにくく、数秒であっても頭と時間を使うことになるので、必ず付けることが大切**です。ファイルボックスひとつに入らないなら、そのグループの中でさらにジャンルを分けて細分化し、1ジャンルを決めていきます。気をつけるべきは、ボックスに余裕があるからと、関係のないほかのジャンルを同じ箱の中に混在させないこと。混ざっていると、必要なモノが探しにくくなったり、思考が分散されたりするので、多少スペースをとることになっても、1ジャンル1ボックスを守るのがおすすめです。

ジャンル分けは、仕事によって違う

私の場合はプロジェクトごとに1ボックスをつくっています。例えば、書籍の仕事なら、書籍ごとに1箱。商品開発なら、取引先ごとに1箱という具合。書類、資料本、アイデアメモ、色見本のサンプルなど、関連するモノはなんでも入れてしまいます。雑誌の1企画では、1箱は不要なので、進行中という箱をつくって1ジャンル化。

仕事によってジャンル分けはそれぞれです。前職では春夏秋冬と、季節ごとのボックスでした。営業担当ならエリア別やクライアント別、または四半期などの期を中心に働くなら、期ごとに1ボックスという方法もあります。

また、どの案件にも使う資料や道具があるなら、それを1ジャンルにして1ボックスをつくるのも一案です。

A4対応のファイルボックスを使い、いっぱいになったら、つど整理

個人のデスクまわりで活躍するのは、A4サイズのファイルボックスです。P24でご紹介する、透明のA4クリアファイルを立てて収納でき、形が多少不揃いのモノもいっしょに受け止めて同じ形に統一してくれるので、デスクの上や棚が整然とするのが理由。ボックスをひとつだけ取り出すときも片手で持て、自立するのでひとつボックスを抜いてもほかが倒れにくいのもメリットです。

その1ジャンルのボックスがいっぱいになってきたら、ボックスを増やすのではなく、その段階で整理するのがおすすめ。「このプロジェクトが終わるまで」と**あふれたままにしておくと、必要なモノを探し出すために時間がかかる**ようになり、どんどん非効率になっていきます。ボックスがいっぱいになったら、プロジェクトの途中であっても、仕事の気分転換を兼ねて、左ページの4ステップでボックスの整理を習慣化しましょう。

ボックス整理の4ステップ

1 いっぱいになった！

資料や書類の出し入れがしにくくなったら、整理のタイミング。後回しにしないことで、仕事の効率がよくなるので、忙しくても即対応を。

2 中身をすべて出す

整理の基本である、全部出し。時間がないからとボックスに入ったままの状態で不要なモノを探すより、要不要の判断がしやすく、結局時短に。

3 戻す&処分するに仕分ける

左から、今後も使うのでボックスに戻す書類、不要なモノを取り除くことで使う必要がなくなったクリアファイル、処分する書類。

4 元の場所へ戻す

すっきりさせてから、元の場所へ。必要かどうかを見極める作業は、すべての仕事につながるので、そのトレーニングとしても有効です。

ボックスづくりのルール

とりあえずではなく、〝進行中〟ボックス

プロジェクト化するかわからない案件や短期間で終了する案件の書類やメモ。それらをデスクの端に積んでおくのではなく、専用ボックスをつくっておくと便利です。〝とりあえず〟ではなく、〝進行中〟と前向きなネーミングのラベルにするのがポイントです。

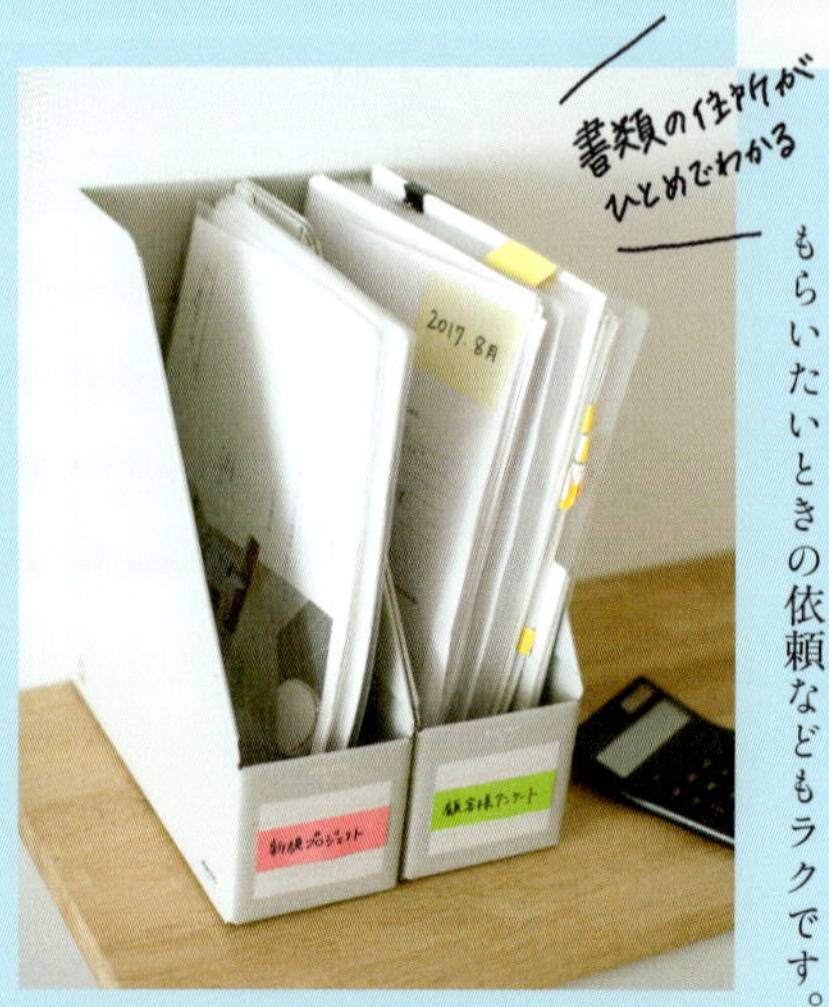

ラベリングでほかの人にもわかる

ラベルは自分の探しやすさのためでもありますが、突然会社を休むことになったときにも助けられます。上司や同僚に資料の所在をわかってもらいやすく、フォローのお願いもスムーズにできます。外出先から資料を確認してもらいたいときの依頼などもラクです。

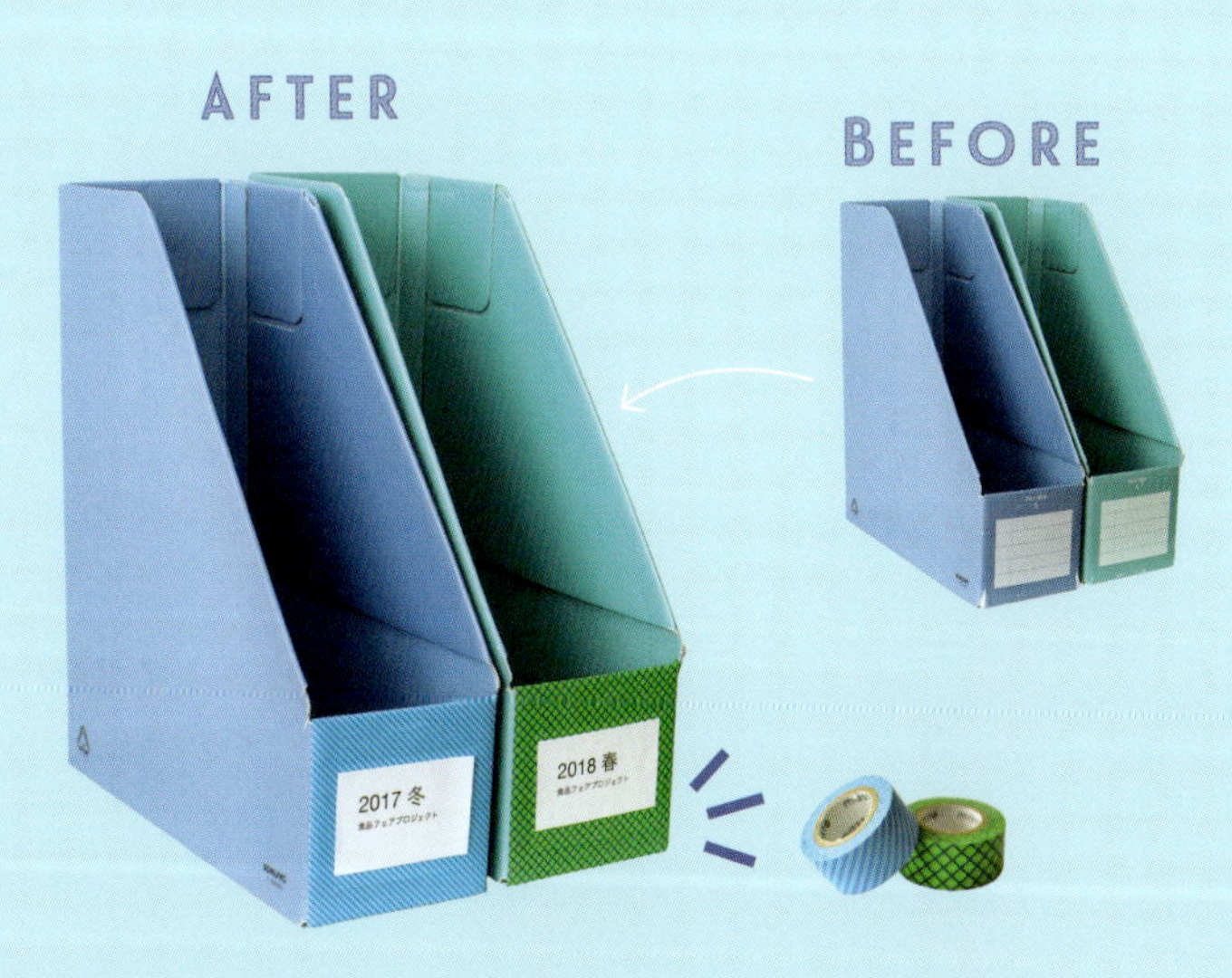

カスタマイズもあり！

会社で支給されるファイルボックスのデザインが好きになれなかったり、ボロボロだったり、いまひとつ整理へのモチベーションが上がらないときにおすすめなのが、ちょっとしたカスタマイズをすること。小さな満足かもしれませんが、自分にとって心地良い環境がやる気をアップさせてくれて、結果的に効率化につながることも。

例えば、ラベルを貼る部分に好きなマスキングテープを貼ってかわいくする方法。またラベルライターを使って、ラベルが整然と見えるようにすることも一案です。プラスアルファのひと手間はかかりますが、ローコストですし、自分が気持ちよく仕事ができるなら、時間をそこに割いてもいいかもしれません。

透明のA4クリアファイルは整理に使えるNo.1アイテム

仕事でいちばん役立つ収納アイテムは、意外なようですが、透明のA4クリアファイルです。すでに使っているという方でも、紙をはさむ程度の使い方で、資料整理にはバインダーやリングファイルという方も多いのではないでしょうか？**クリアファイルの長所は、書類の分類整理がとにかく簡単**なこと。リングファイルは、わざわざ書類に穴をあける必要があります。ポケットファイルは、ポケット部に毎回紙を入れ込むのが面倒なうえ、その時々に必要な部分だけを持ち出すということができません。中身が一部不要になっても、そのポケットがファイルにくっついているので、違う案件の資料を入れるわけにもいかず、空のポケットをつねに持ち運ぶことに。

でも、クリアファイルなら、はさむというワンアクションしかないので、出し入れが格段にラク。外出するときは必要なファイルだけをさっと持ち出せます。透明なものに統一しておけば、入っている書類が一目瞭然で、開けて確認する必要がありません。そしてクリアファイルを案件ごとにファイルボックスに入れれば、ファイリングしたのと同じ状態になります。だから**どの方法よりもラクで使いやすい、No.1アイテム**なのです。

クリアファイルに入れれば、すべてがA4に揃う

クリアファイルは、いくつかのサイズを使い分けず、A4だけに統一していま す。それは、**小さいモノや、形が不揃いのモノをひとつのサイズとして管理できる**から。積み重ねてもファイルボックスに立てても、すべてが同サイズになっているというのは、取り扱いしやすく、見た目もすっきりなんです。

小さいメモ、領収書1枚で、まだ同じファイルに入れるモノがないとき、ついついデスクの上に置きっぱなしということはありませんか？　すると必要なときに出てこず、慌てるなんてことになりがちです。**小さいモノこそ、A4ファイルに入れる**のがおすすめ。領収書1枚でもファイルボックスに立てられるので、紛失もしにくくなります。サイズのバラバラなパンフレットも、A4サイズに統一できれば、管理がぐっとラク。クリアファイルに入れるのは書類だけと決めつけないことで、クリアファイルはもっと便利なアイテムになります。

だからクリアファイルは便利！

封筒の中身も一目瞭然に

封筒で届いた書類も、必要なモノだけ取り出してクリアファイルへ。わざわざ出し入れせずとも、パッと中身がわかるようになります。

小さい紙がなくならない

領収書１枚でも案件ごとに整理されていれば、あとがラク。クリアファイルに入れてボックスに入れれば、サイズが揃って失くす心配なし。

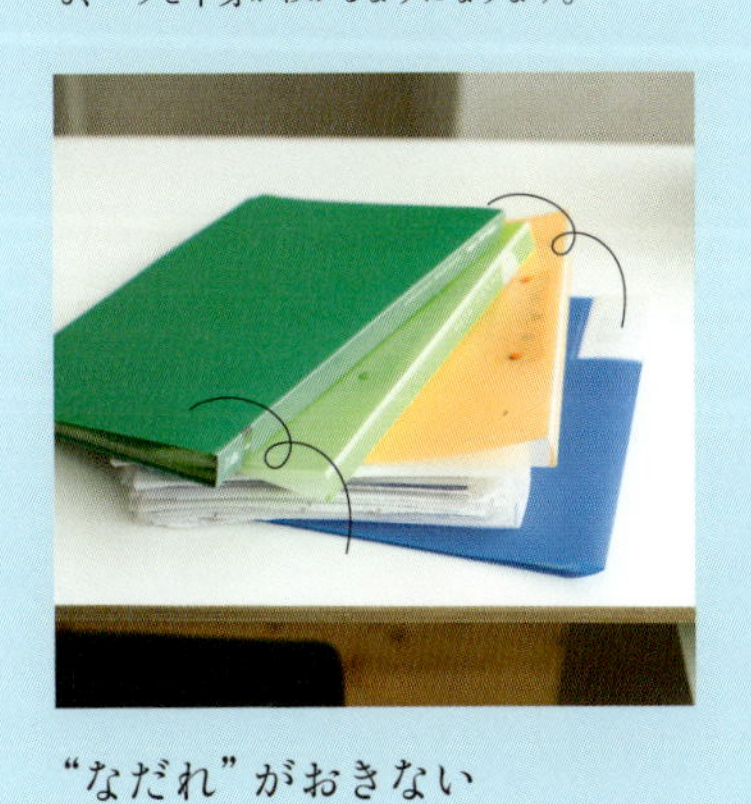

“なだれ”がおきない

リングファイルやポケットファイルは背があり、角度がつくので数が増えるとすべりやすい。クリアファイルなら“なだれ”がおきずにスッキリ。

内側にふせんラベルでＯＫ

ラベルを付けるときは、ふせんののり側の面に文字を書いてファイルの内側に貼るのがいちばん手軽。内側につけるからはがれにくい。

空(から)のクリアファイルだけの収納ボックスをつくると便利

紙切れ1枚でも、クリアファイルに入れておけば管理がラクになることがわかっても、そのために、毎回クリアファイルが収納されている共有スペースまで取りに行く必要があったら、やっぱり、メモはデスクの上に置きっぱなしということになりがちです。そうならないために、クリアファイルに収納したいと思った瞬間に入れられるように、**すぐに手が届くところに空のクリアファイルを置いておく**と便利です。

手元にはあっても、空のクリアファイルを探すところからはじめたり、隙間からがんばって取り出す必要があったりすると、結局おっくうになってしまうので、**ベストは空のクリアファイルの専用ボックスをつくる**こと。スペースの都合上、難しければ、できるだけ取り出しやすい場所に専用スペースを設けておきます。空になったら必ずその場所に戻すことの徹底も大切です。

クリアファイル

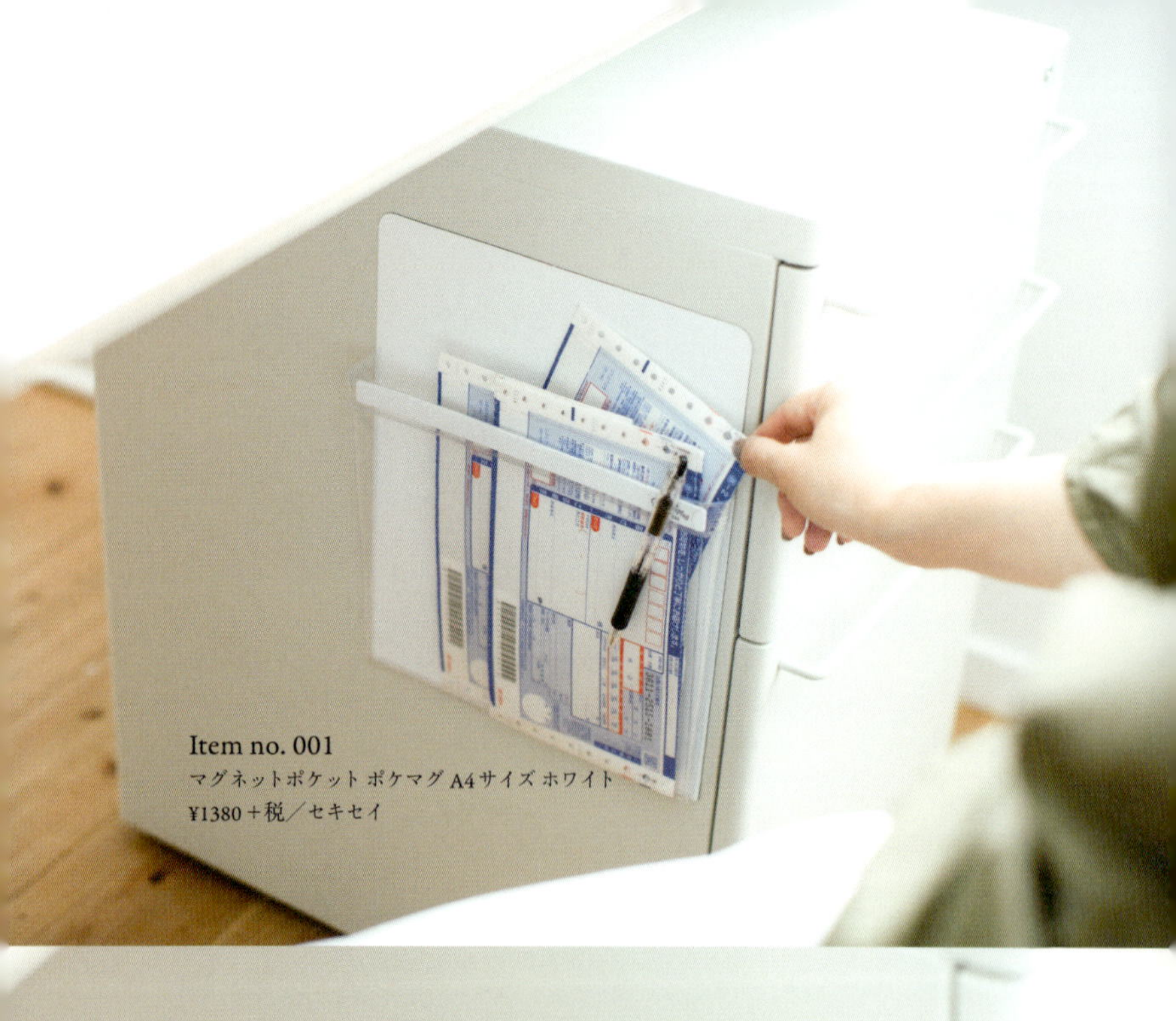

Item no. 001
マグネットポケット ポケマグ A4サイズ ホワイト
¥1380＋税／セキセイ

マグネット収納でよく行う作業を効率化

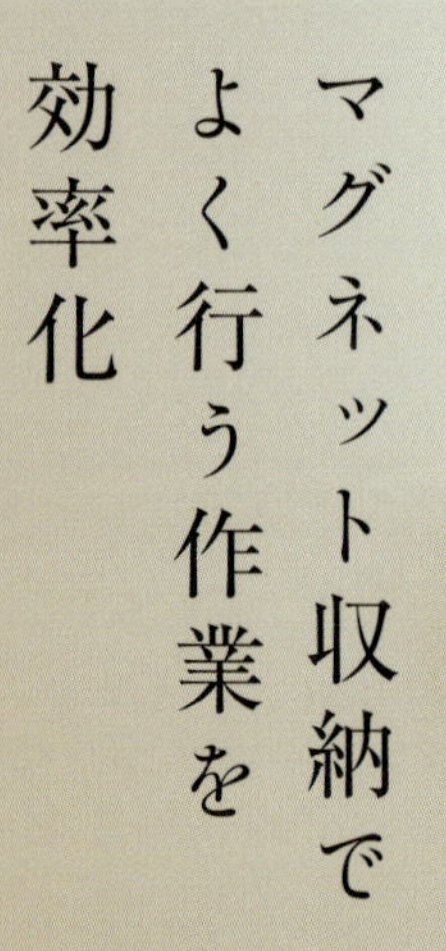

裏に強力マグネットを貼り付け！

Item no. 002
超強力マグネット 4P ¥100＋税／Seria

よく使うモノほど、出しやすく、元に戻しやすく収納する。これが、使いやすい収納の基本です。そうすれば、デスクの上にいつもモノが出しっぱなしになっていて、ほかの仕事がしづらいということがありません。

私の前職は、通販会社での収納用品の企画開発。なにをするにもサイズ感が重要で、いつもメジャーを手にしていました。わざわざ引き出しを開け閉めしてしまうことが面倒になるほどよく使うモノは、しまい込まず、でもほかの仕事の邪魔にならない収納法を考えるのが仕事効率化への早道です。

マグネットを使えば、ワンアクションで手に取れる収納が可能。オフィスのデスクは、マグネットが付くものがほとんどなので、その利点を活用します。デスクか、引き出しの側面に直接、頻繁に使うモノを収納します。例えば、日に何度も宅配便を出すなら、伝票を、ペンといっしょにマグネットポケットに。メジャーとはさみの使用頻度が高いなら、はさみとメジャー自体に小さい強力マグネットを接着剤で付けておき、それぞれ直接デスクにぺたり。なにかに入れる必要がないので、**ダイレクトに手に取れ、デスク上にのっているのと同じくらいアクセスがしやすい**のです。それでいてデスク上ではないので、邪魔になりません。

大量でどう残していいかわからない保管書類はとにかくスキャン

今後も必要かも……と感じるから保管しているけれど、場所をとって邪魔になっている書類や資料。そういうものと現在進行中のものが混在すると、現在進行中のものが適切な場所にしまえず、デスクまわりの使い勝手が悪くなってしまいます。さらに保管書類の中から必要になった情報をすぐに探し出せるかといったら、これまた、どこになにがあるか見つけられない……。そんな二重の不便さのなかで仕事を続けると、効率は落ちますよね。

今後も必要だと感じる以上、そのまま処分は難しいと思うので、**紙類はとにかくスキャンしてデータにし、パソコン内に保存。現物は残さない**という方法をとります。このとき、具体的な言葉でファイル名を付け、日付を入れておくと、あとから検索できるので、必要な情報を見つけ出しやすくなります。**実際の紙の資**

料をひっくり返すより、ラクに必要な資料が探し出せるはずです。OCR機能（スキャンした画像の中の文字をデジタル認識し、その文字を検索できる機能）が付いたスキャナーがあるなら、データ化した書類の検索性がより上がるので、会社のOA機器の機能を確かめておくことも大切です。

スキャンという面倒な作業も、今後の効率化のため。いったん増えてしまった書類は、どこかの段階で時間を取って整理しないと、ずっと書類の山の中で不便を感じながら仕事をすることに。「急がば回れ」という言葉があるように、今、面倒で遠回りに感じたとしても、**時間を取って過去の書類と向き合うことは、未来の自分をきっと助けてくれるはず**です。

とはいえ、スキャンをするための時間と手間をかけるのが難しいなら、保管書類を箱に入れてロッカーに移すなど、いったんデスクまわりから移動（無理ならデスク下などに置く）してみるという方法もあります。そのとき、その箱を閉じた日付をそのつど箱に書き記しておきましょう。現在進行中の書類と分けることで、仕事はしやすくなりますし、結局1年以上開けなかったなどの事実がわかり、スキャンするまでもなく、処分しようという気持ちが生まれるかもしれません。

レイアウト印刷でできるだけ紙を減らす

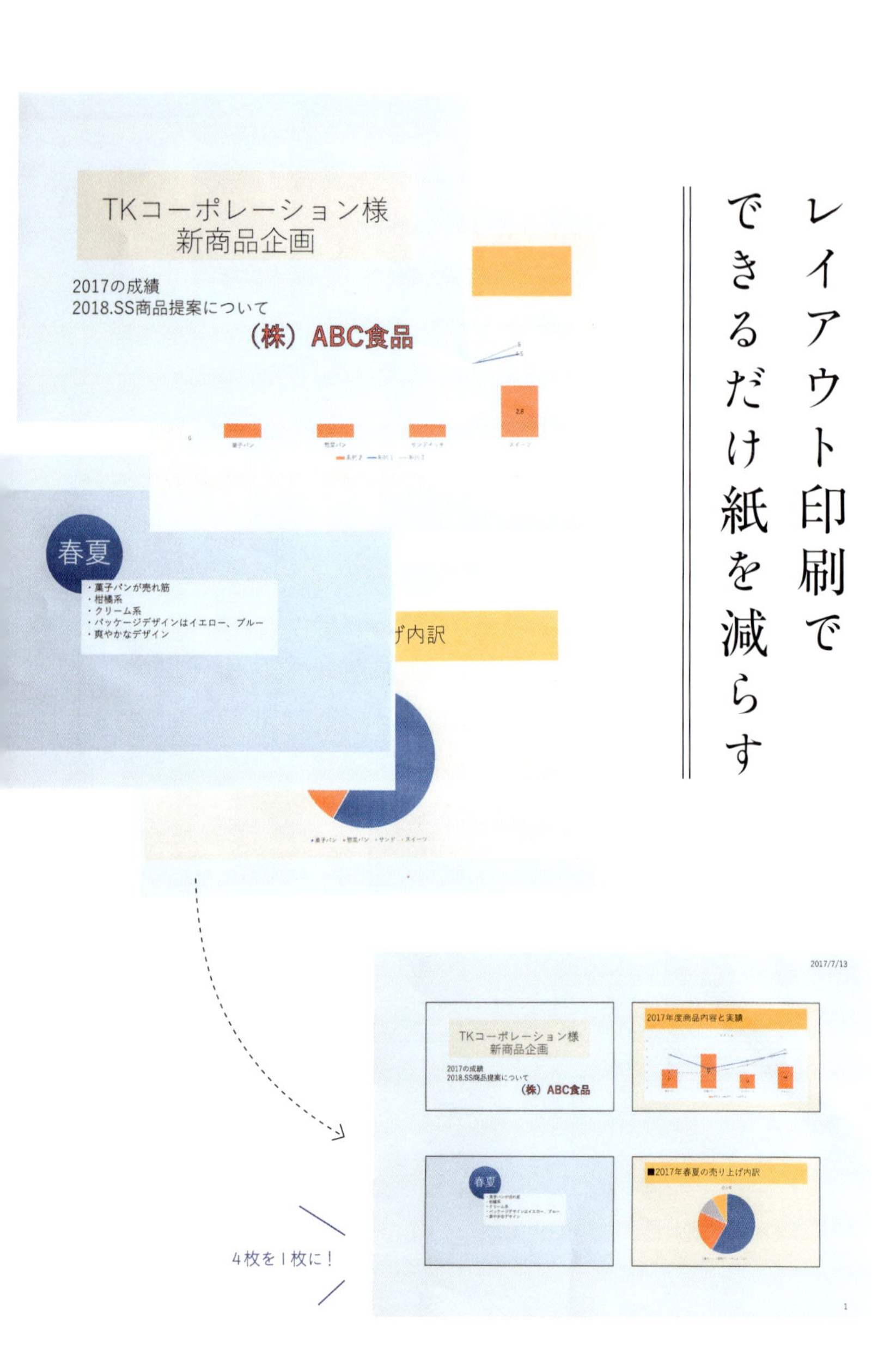

なんでも印刷するのではなく、できるだけモニター上での確認を心がけるだけで書類まわりがすっきりします。とはいえ、紙での確認が大事だったり、保管する必要性があったりと、書類を印刷する機会はまだたくさんあります。数枚ならともかく、何十枚となると紙の量も多いですし、時間もかかります。

私が必ずしているのは、印刷のレイアウトを変えること。**1枚の紙に2ページ分もしくは、4ページ分がプリントされるように設定を変える**だけ（集約印刷、レイアウト印刷など）。毎回、設定を変えるのが面倒であれば、デフォルトでそのページ数を1枚に印刷できるようにしておくことも可能です。

当たり前のように1ページ1枚で印刷するより、**紙の量と印刷にかかる時間が減り、印刷コストの削減につながり、収納スペースも小さく**できます。一度設定を変えるだけで、半分になる、もしくは1/4まで削減されるというのは、大きなことだと思います。

1ページ1枚の印刷よりも全体像を俯瞰しやすく、内容を理解しやすいというメリットもあります。また、目当てのページを探すときにも、紙を何回もめくらずにすみ、時短にもつながります。

名刺はデータで保存すれば場所をとらない

1 あまり見返さない大量の名刺の整理

たまりにたまってしまった名刺。人脈は財産という気持ちや名刺は取っておくべきとの思いがあり、処分はできないと考える人は多いようです。そんな名刺はデータとして保存しませんか？　大量の名刺の中から目当ての名刺を探す作業も、スキャンデータから探す作業も手間は同じ。それならば場所を取らない分、**データでの保存がおすすめです**。可能なら**OCR機能を使って文字検索ができるようデータ化すれば、格段に便利**です。今はメール内検索をすれば、署名欄から情報が引き出せるので、名刺保管の必要性は昔ほど高くはないかもしれません。

1｜紙で残すモノ、画像で残すモノに分ける

処分するかしないかを基準に判断するのは難しくても、紙として保管する必要があるかどうかという基準ならば、ぐっと判断がしやすくなる。

2｜すべてスキャンする

ソーターを使うか、なければ並べてスキャン。ジャンルや五十音分けがされているなら、そのグループごとに、されていなければランダムで十分。

3｜紙で残さないと決めた名刺はシュレッダーへ

使わないモノを処分するための作業なので、紙の状態でとっておかないと決めた名刺はその場でシュレッダーへ。

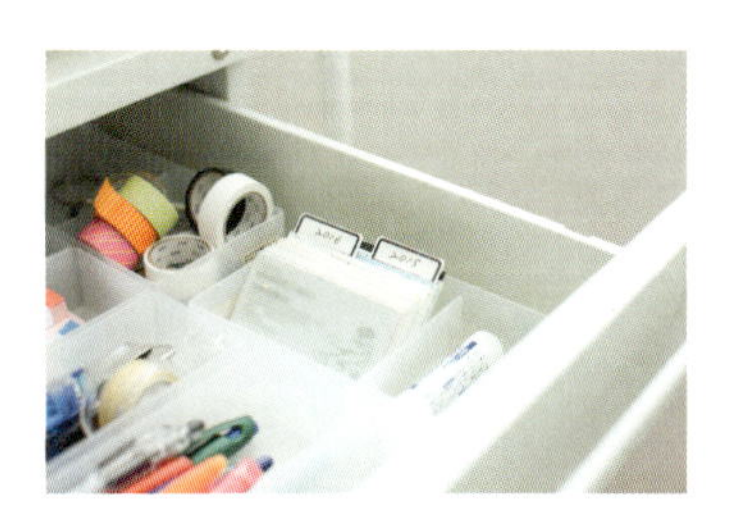

4｜紙で残す名刺は取り出しやすい位置へ

残すと決めた名刺は、頻繁に使うということだから、引き出しの中の取り出しやすい位置へ。使う名刺しかないので、探しやすく効率アップ。

2 新しくもらう名刺はこの3ステップで整理

今までもらった大量の名刺をすべてデータ化するのは大変でも、**これからの新しい名刺は、いただくたびにデータ化する**と決めれば、今後の名刺管理や連絡先探しはぐっとラクになります。さまざまな名刺管理アプリがありますが、私は**書類やデータをすべて保管できる〝Evernote〟**を使っています。名刺をもらったら、スマホでEvernoteを立ち上げ、写真を撮る要領でパチリ。有料のプレミアム版ではスキャンしたデータはPDFでも文字検索可能になり、Evernote内の検索ですぐ情報が呼び出せるので、私はプレミアム版を使っています。

外部サービスの使用がNGという規則がある会社に勤めていたり、忙しくてサービスを使いこなす時間がないという人は、P37のように、会社のスキャナーで名刺をスキャンしてPC内のフォルダに保存するシンプルな方法でも十分だと思います。

MINI COLUMN

名刺だけでなく、紙モノも"Evernote"で一括管理

名刺管理に"Evernote"を選んだ理由は、紙モノの資料なども一括で管理したいから。名刺だけ別のアプリで管理するより便利と考えました。"Evernote"に入れているのは、メモだったり、イベントの案内だったり、見返すかもしれない資料だったり。"スキャンスナップ"というスキャナーを併用して、大量の紙資料もまとめて読み込み、自動的に"Evernote"に入るように。OCR機能で内容の文字検索ができます。おかげで、なんとなくとっておきがちな紙モノを気兼ねなく手放すことができています。

Scan Snap Evernote Edition ※このモデルは販売終了

1｜メモを書く

名刺をもらったら、日付、どんなシチュエーションで会ったのか、特徴などをメモ。

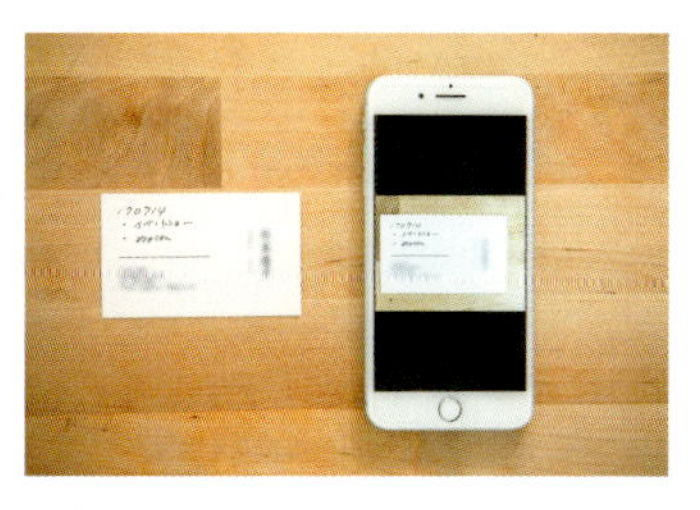

2｜名刺をスキャン

"Evernote"、スマホの名刺管理アプリ、オフィスのスキャナーなどで、情報を即データ化。

3｜処分or名刺置き場へ

紙での保存が不要な場合は、シュレッダーへ。必要な場合は引き出しの名刺入れへ。

デスク整理の前に、自分のデスクにキャッチフレーズをつける

デスクづくりの前に、まずなんのためにデスクを整えようとしているのか、**自分のデスクにキャッチフレーズをつけて**みましょう。「モノを探さないデスク」「残業せず定時で帰れるデスク」「売り上げをアップするデスク」など。目標がはっきりすることで、デスクを整えるモチベーションが上がり、どうしたらそういうデスクになるのかというアイデアも思いつきます。

そのうえで、デスクの整理を開始。基本は家の収納を考えるときと同様、全部出してから。そして、よく使うモノ、現在進行中のモノほど、すぐ取り出せ、戻しやすい場所に。**理想は、目をつぶっていてもなにがどこにあるか把握できる状態にする**ことです。右利きの人なら、右側にペンなど書くモノ、という具合に、スムーズに自分が動けるような動線を考えることも大切です。

デスクの上と足元

POINT 1

デスク上の書類は現在進行中のモノだけ

デスク上は、"今"頻繁に使う、現在進行中の書類の入ったボックスだけを置く場所にします。すぐ手が届くよう、利き手側を定位置に。

POINT 2

電話は利き手の反対側に

電話をしながらメモを取るということもあるので、利き手の反対側に電話を置き、そちらの手で電話を取るよう習慣化すると、効率よし。

POINT 3

好きなアイテムを飾る

仕事とはいえ、長くいる場所なので実用ばかりでは味気ないもの。自分が楽しくなるなにかをプラスすることで気持ちよく仕事ができます。

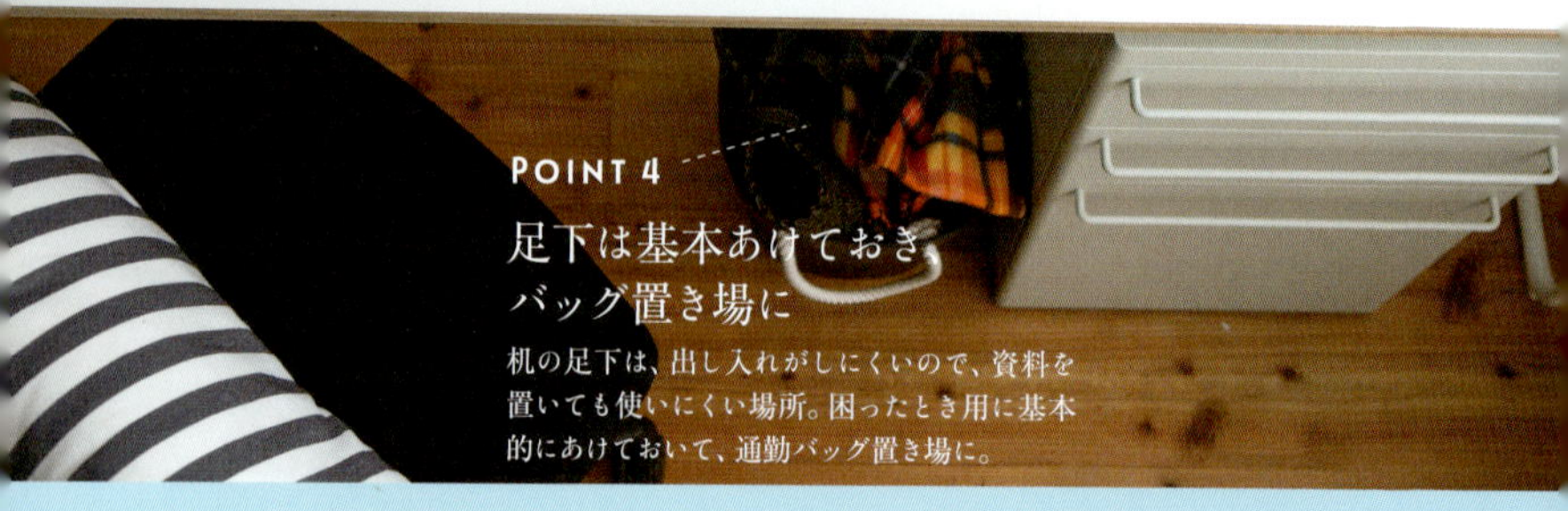

POINT 4

足下は基本あけておき、バッグ置き場に

机の足下は、出し入れがしにくいので、資料を置いても使いにくい場所。困ったとき用に基本的にあけておいて、通勤バッグ置き場に。

引き出しの中

引き出し上段

よく使うモノほど手前に置けば、少し引き出すだけで出し入れ可能で、時短に。使わない文具は共有のスペースへ戻すと、必要なモノがさっと手に取れます。

引き出し中段

メイク用ポーチ、歯ブラシ、おやつなど、個人のモノを入れる場所と決めます。ここは個人用というルールを守れば、仕事のモノと混ざらないので、仕切る必要がなく、放り込むだけでOK。

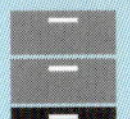

引き出し下段

保管書類などを収納する引き出しに。重ねると取り出しにくいので、ファイルボックスに入れて立てるのがおすすめ。椅子に座ったままでも見やすい位置（箱の奥の内側）にラベルを貼っておくと便利。

持ち物リスト
コネクター
白マスキングテープ
ボールペン
サインペン
さし棒
領収書
つり銭
（千円札15枚／五千円札3枚／小銭）
電卓
トレー

定期的に行う作業は使うグッズをひとまとめ

例えば、出張。例えば、店舗の販売応援。必要なモノはほぼ固定しているのに、そのつど考えながら、引き出しやロッカーから必要なモノを探している……。数年に1回のことなら、それでもいいかもしれません。でも、定期的かつ、それなりの頻度なら、**使うグッズをグルーピングし、セットとして専用のボックスをつくっておく**と、準備にかかる時間が圧縮できます。右ページの写真のように、入っているモノをメモして箱に貼っておくと、抜けがないかの確認も簡単です。

「電卓とテープは日常でも使うな」ということなら、そのセットのために、買い足してしまうのもひとつ。もちろん頻度にもよりますが、グッズの**買い足し代金で準備にかかる時間を買った**と考えられるかもしれません。

週一の15分片づけで仕事の効率がアップ

「片づけはできるときに」と考えていると後回しにしがちで、忙しくなるほどにモノが積み上がり、探しものに追われ、仕事の効率が悪くなります。だから、片づけのルーティン化を取り入れるのがおすすめです。

私は月曜の昼休み後の15分を片づけタイムに決めています。週明けの午前はバタバタですし、退社前は大抵慌ただしい。昼休み後は比較的時間をつくりやすいので、この曜日&時間帯にしました。**スマホのリマインダーを設定し、お知らせが鳴ったら片づけをスタート**。資料&文具、ファイルボックス、仕事バッグの中、パソコンのごみ箱を空にする、までがセット。仕事によって適した日時は異なると思うので、1週間を見渡し、比較的時間に余裕があるところを片づけタイムに。**ルーティン化することで、デスクの快適状態をキープ**できます。

年に2回、大掃除&整理大会を

週に一度の片づけタイムではスッキリしきれない、ある程度時間を取らないとできないような、大がかりな書類整理、共用場所の整頓、ふだんは手がまわらない掃除（デスク全体や椅子までしっかり拭くなど）は、年に2回ほど、〝大掃除&整理大会〟と名づけてあえて時間を取るのがおすすめです。

この案件が落ち着いたらと思いながら仕事をしていると、どうしても後回しにしてしまうものですし、**「やらなきゃ、やらなきゃ」と思いながら仕事を続けるのも気が重くなる**ばかり。区切りがいいとわかっている時期に、**あらかじめ大整理大会の日時を決め、年間スケジュールに入れ込んでおく**とスッキリ。自分ひとりではなかなか難しい場合は同僚の方を巻き込んでみるのもよいですね。

K さん

DATA

東京都内にある出版社勤務。現在の編集部で勤続13年。年に8〜12冊を担当。つねに並行して本の制作が進むので紙資料が多く、過去資料もたまっていて、整理のタイミングに苦慮している。

実録レポート

デスク整理のお悩みを解決！

デスク整理でお困りの方のオフィスにお邪魔し、お悩みの聞き取りからモノの取捨選択、収納まで、いっしょにデスクづくりに挑戦しました。

Kさんのデスク Before

まずはカウンセリングSTART!

毎日の仕事について

Emi どんなお仕事をされているんですか?

K 女性実用書の編集をしています。

Emi 年間どれくらいの本を担当されているんですか?

K 8～12冊です。すべて並行して進行しているので、紙の資料はたまるばかりです。終わった本の資料も、ある程度の期間は保存しておきたいと思うと、**整理するタイミングを逃してなかなか処分できません。**

デスクの悩みは?

Emi 今、デスクで困っていることはありますか?

K デスク横にスペースがあるので棚を置いているのですが、奥のものが取り出しにくく、結局入れ替えできていません。この棚含め、**デスク全体のスペースをうまく使いこなせていない**と感じています。それから、たくさんある過去の資料も処分できていない状況です。デスクの下に入れておけば、邪魔にはならないから、まあ、いいかという気持ちにもなっています。

Emi 日々、忙しいと片づけは後回しになりますよね。週に1回、時間を決めて整理するルーティンをつくるという手もありますよ。

デスク横に置いている棚

デスクにキャッチフレーズをつける

Emi **整理後のデスクに目標のキャッチフレーズを付けるとしたら、どうですか?**

K 空間全部を有効活用できるデスクかな?

Emi デスクを有効活用して、どんなふうに仕事をしたいか、自分はどうなっていきたいか、そんなキャッチを付けられるといいのですが。

K 時短できるデスクとか?

Emi 時短ができて、どうなりたいですか? そこがはっきりすると、ただ**見た目や使い勝手のために整理するのではなく、その先の目標のために整理するんだ**ということが納得できて、がんばれるようになります。なので、ご自分の言葉で出してみましょうか!

K う～ん。いつも締め切りに追われているから、〝締め切りに振り回されないデスク〟にしたいですね。

目標は……

〝締め切りに振り回されないデスク〟をつくろう

デスク整理の4ステップSTART！

1｜1カ所ずつモノをすべて出す

整理の基本は、全部出し。ひとつずつの引き出しからモノを全部出すところからスタートです。封筒に入っているモノも全部出していきます。

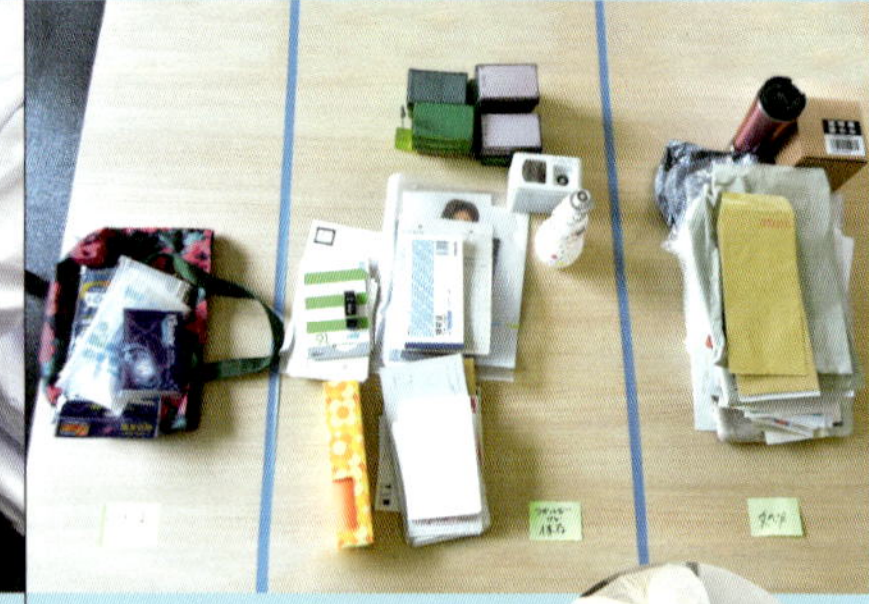

2｜モノを仕分ける

使っているモノ(左)、今後使うモノや思い出など捨てられないモノ(中)、不要＝処分するモノ(右)に仕分けを。すべての引き出しで繰り返します。

90リットルのごみ袋2つ分のごみがでました

3｜グループごとにざっくりまとめる

仕分けたものをグループ化し、ファイルボックスなどに仮に入れて全体の分量を把握。Kさんは、企画している本(案件)ごとに箱を用意することに。

4｜使いやすく収納していく

仕分けが終わった後に、足りない収納グッズを買い、使う頻度から、引き出しの上下、奥、手前など、使いやすいようにモノを収納していきます。

"締め切りに振り回されないデスク"がいよいよ完成！

案件ごとに紙資料をファイルボックスに仕分け、サイドの棚も使いやすく。モノ探しの時間と出し入れの時間が大幅に減少します。日々の積み重ねで、"締め切りに振り回されないデスク"に！

Kさんのデスク After

デスク上

デスク上にはよく使う書類を。いちばん左に空のクリアファイルだけのボックスも用意し、すぐ使える状態にすることで仕分けをラクに。

デスクサイド

元々使っていた棚は奥のモノが取り出しづらかったので、バッグ置き場にしていた棚と入れ替え。案件ごとにボックスを用意し、ラベルは手書きで簡単に。棚の奥にスペースが余っていてもボックスは手前に揃えるのがポイント。

正面の引き出し

椅子をひいて体を動かさないと開閉しにくい場所なので、毎日使うモノではなく、精算のための領収書や電卓、印鑑、請求書などを収納。

引き出し中段

ランチ用のバッグ、薬、歯磨きセット、おやつなど、仕事以外の個人のモノがあちこちの引き出しに分散されていたので、ここに集合。

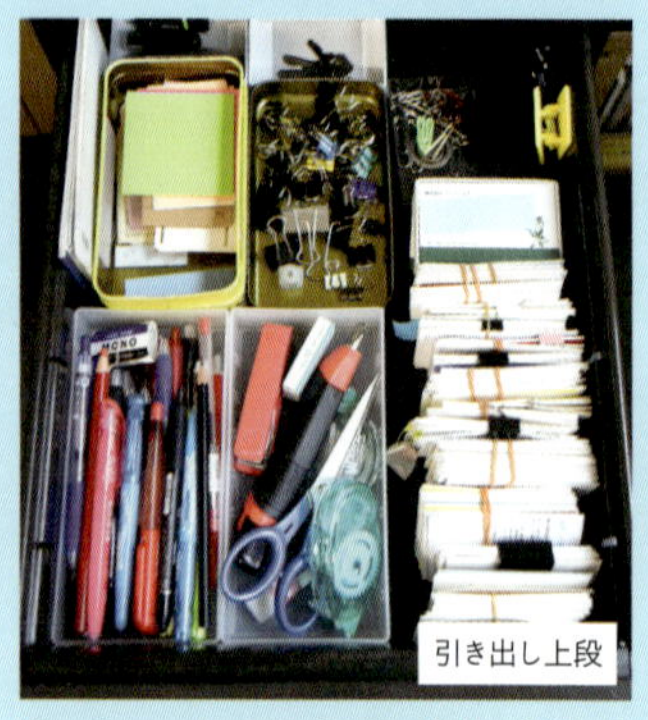
引き出し上段

奥に入っていた文具は手前に移動。全開しなくても出し入れが可能に。名刺はファイルに入れると続かないので、案件ごとに輪ゴム留め。

処分できない保管品を中心に収納。過去の取材ノート、思い出、使わないけれど保管したい名刺など。分類ラベルは椅子に座ったときに見えやすい位置（箱の奥、内側）に貼ります。

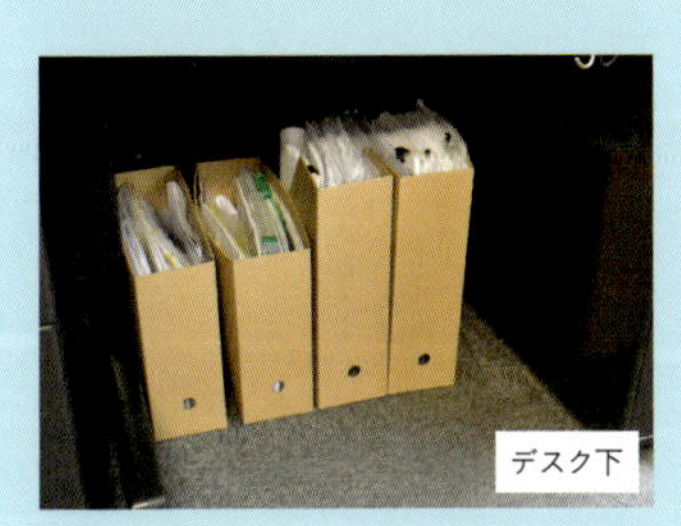

保管品のうち引き出し下段のモノより、さらに使用する可能性が低いモノをデスク下に。会社の紙袋に入れるのではなく、きちんとボックスを用意。

元々書類入れにしていた棚を手前に移動し、バッグ置き場に。

2週間後……

その後、デスクの使い勝手は？

いっしょに整理していただいたデスク、おかげさまでとても使いやすいです！いちばんの収穫はデスク横に設置した棚で、もともとあったものを外に出し、外にあったバッグ置き場の棚と入れ替えたことが目からウロコでした。おかげでほとんど有効に使えていなかったスペースが見事に生かされています。｜ジャンル｜ボックスにしたことで整理がしやすく、書類の出し入れの時間がかなり短縮されています。それからファイルを棚の奥に揃えるのではなく、手前で揃えたことに感心しました！　ヘンに手前にモノを置かずにすんでいます。

COLUMN

子どもたちにも仕事のことを話す

「いつもおしごとがんばってすごいね。そんなおしごとできるひと、おかあさんしかいないとおもうよ。これからもがんばってね」。母の日に娘からもらった手紙にこう書いてありました。見事に仕事の話ばっかり(笑)!

私はやっぱり仕事が好きで、お客様に喜んでいただけることが好き。自分で選んだこの道は、楽しいことばかりじゃないけれど、選んでよかった、と心からそう思っています。

小学2年生になる双子たちに、日頃からよく仕事の話をします。お客様に褒めていただいてうれしかったこと、スタッフとがんばっている話、失敗した話、困っていることも。仕事を理解してほしくてというよりは、私が子どもに聞いてほしくてというのが実は大きかったり。もちろん子どもは、学校のお友達の話、休み時間に遊んだこと、先生に怒られたこと(!)も話してくれます。振り返ると、「親だから良いところ見せなくちゃ」というよりは、私が失敗話もオープンにしてきたことで、子どももよく話をしてくれるようになったのかなと、そんな気がするのです。

そうそう、同じく母の日に息子からもらった手紙には「おかあさん、いつもおいしいごはんをつくってくれてありがとう。またつくってね!」とありました。よかった! ごはんのことも書いてありました(笑)。これからも仕事、育児、家事とバランスよくやっていきたいものです。

CHAPTER 2

仕事が
ラクになる
テクニック
34

うまくいったときこそ振り返り、そのスケジュールを次回に生かす

「今回の仕事はスケジュールがスムーズで、結果も期待以上だった！」。そんなふうにうまく進行できた案件があったら、振り返り時間をもうけます。ダメだったことを反省して改善に役立てる方は多いかもしれませんが、**よかったときこそ、その状況を振り返って、なぜうまくいったのかを考える**のがおすすめ。うまくいった理由がわかっていれば、次回に生かすことができるからです。

・スタートダッシュにいつもよりパワーを注ぎ、いったん寝かせたから
・ひとりで抱え込まず、途中で同僚に意見を聞いたから
・依頼仕事の部分だけでもと思って、かなり前倒しで発注したから

などと分析することで、今後もこうしようとはっきり意識して仕事ができます。経験の積み重ねで、自然にそう仕事をしている方も多いのではと思いますが、な

にがよかったのか、きちんと**理由を見つけておくことで、次回以降も意識的に実践できる**ので、早く役に立ち、かつ効果が高くなります。

うまくいったスケジューリングで、その後、ずっと私が実践しているのは、できるだけ仕事を細分化して、それをスケジュールに落とすこと。例えば、会社員時代を振り返ると、「企画書作成」と3日にわたって予定を入れるのではなく、「資料本を集める」「類似する企画の事例を探す」「過去の担当者に事前に相談」「パソコンで書式を整える」などといった具合に分解して「何日の午前にこれ、午後一にこれ」という具合に割り振り。ひとつずつこなすことで、進捗がわかりやすく、そのつど達成感もあり、スムーズに仕事が進むようになりました。

また、1年の最初に長期休みの日程を決めてしまうことも、うまくいったスケジュールの一例。ある年、年初めに夏休みを取得する時期を決めてしまい、3月には飛行機もホテルも予約を完了。早くから決めてしまえば、かなり前もって休みに向けて仕事のやりくりができ、同僚に迷惑をかけることも、仕事が滞ることもなく、楽しい夏休みを過ごせました。会社員のころから、今に続く習慣になっています。

デジタルカレンダーでスケジュールを共有

数年前から、紙のスケジュール帳をやめ、デジタルカレンダーを使うようになりました。パソコンとスマホ、双方から確認できるのはもちろん、いちばんのメリットは上司や同僚（私の場合はスタッフ）とスケジュールの共有ができること。だから、スケジュールには、**外出や会議の予定だけでなく、することまで具体的に書き入れる**ようにしています。働くママは、突発的な子どもの病気で突然休まなければならないこともあり、そんなときも上司や同僚が進捗を確認できて安心です。

出社時間、退社時間をまず入力。稼働時間を視覚的に意識できるので自分が能動的に動け、同僚にも不在時間を自然と伝えられ、打ち合わせの日時決めなどがスムーズになります。また、**保育参観など、前もってわかっている休みの予定も入力**しておくと同僚に把握してもらえ、迷惑をかけにくくなります。

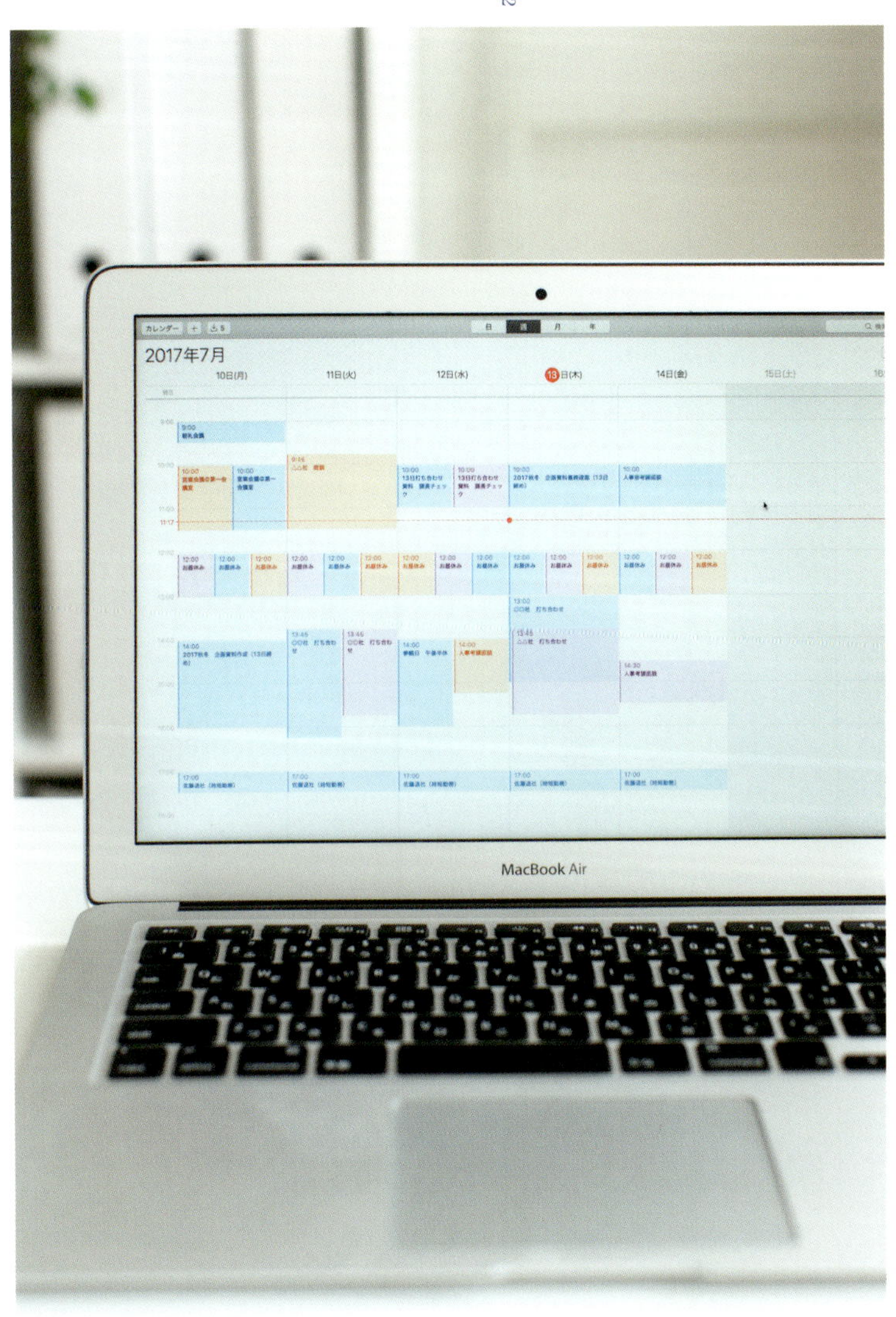
2017年7月
10日(月)
11日(火)
12日(水)
13日(木)
14日(金)
MacBook Air

03

紙のスケジュール帳なら セパレート手帳がおすすめ

誰かとスケジュールを共有する必要がない方や、デジタルカレンダーは肌に合わないという方もいらっしゃると思います。紙の手帳で仕事におすすめなのが、私も長く使っていたセパレート手帳。セパレート手帳は、マンスリーとウィークリーのスケジュールが上下にあって別々にめくることができるので、**月と週のスケジュールを同時に確認できる**優れもの。仕事では数カ月先を見通しながら、現在の予定を決めることが多いので、この手帳は双方を俯瞰しやすく便利です。

私が必ずするのは、**仕事日をマーカー**で囲っておくこと。休みを除いた稼働日を視覚的に認識でき、「1カ月あると思っていたけど、実は18日しかない」と自分にカツを入れる効果が。タイムスケジュール側には**出退社時間もマーキング**。この時間内でやり遂げなければと、時間効率に対しての意識も上がります。

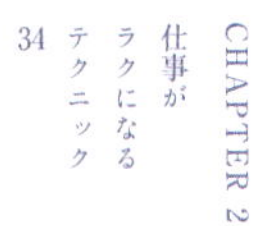

Item no. 003
キャンパスダイアリー A5
マンスリー＆ウィークリー・セパレート
¥1600＋税／コクヨ

月曜の朝からフル回転できる〝日曜夜の5分〟

「今週は、うまくスタートがきれたな〜」と感じたときに、「どうして?」と振り返ってみたら、うまくいった週には共通項があることに気がつきました。それは、日曜日の夜に5分ほど時間をつくり、翌日からのスケジュールを見ながら、その週にすべきことを、優先順位をつけて書き出していたこと。

反対に、なにも準備しないで月曜日の朝に会社に行くと、「さあ、今週はなんだっけ?」と考えている間に、仕事先や同僚からどんどん声がかかり、バタバタと仕事開始。仕事を行う順番を整理できていないままにスタートしてしまうので、急ぎでない仕事から手をつけてしまい、締め切りの迫っている案件は手つかず。結果的に残業になったり、家に仕事を持ち帰ったりとなんだか非効率なことに。

こんな経験を何度かするうち、「**5分で1週間の成果が変わってくる!**」と確信。

日曜日の夜に5分だけ時間をつくり、翌日からの1週間の仕事を整理するのが習慣になりました。たった5分のことですが、前もって準備するのと、しないのとでは、スムーズさが違うんです。

1週間の自分の仕事を俯瞰すると、週の後半にしようと思っていた仕事にあてる時間が月曜日くらいしかつくれないことに気がついたり、月曜の朝するつもりだったことには、まだ余裕があって、直近にすべきことがほかにあることが判明したり。気持ちの余裕がある時間だからこそ、冷静に判断ができるので、**日曜日の5分は、月曜の朝からフル稼働するために、欠かせない時間**になっています。

日曜日まで仕事のことを考えたくないという方は、月曜日の朝の電車の中や、金曜日の帰宅前などに、その時間をつくるといいかもしれません。

会社に着いたら今日やることを宣言する

私は、朝礼で、今日の自分の仕事内容をスタッフに対して宣言するようにしています。これは、私だけでなく、ほかのスタッフも同じです。

なぜなら、いっしょに働くもの同士、互いが今、どんな仕事を抱え、今日はなにをしているかを把握していることは、スムーズに業務を行い、いい結果を生むために必要なことだと考えているから。「○○さん、今日はかなり大変そうだけど、私には少し余裕があるから手伝おう」という気持ちが生まれたり、逆に、「今日は業務が立て込んでいます」という小さなアピールになったり。チームで仕事をしているからこそのプラスの作用があります。

でも、もうひとつ大きな理由があって、それは**自分自身にプレッシャーをかける**という意味合い。今日、自分がやるべきことを声に出すことで、「やらねば」「終わらせねば」と自分にカツを入れることができ、「今日やる」という気持ちをキープできるような気がします。

これは、チームで仕事をしていなくても有効で、隣の席の人に向かって宣言するだけでも意味があります。

「今日は、〇〇のイベントのために、チラシの作成をします」
「たまっている精算作業を終わらせます」
「〇〇さんに頼まれている資料の作成、△△さんのプレゼンのためのパワーポイントづくりが今日の業務です」と、こんな感じ。

一度、**宣言すると、人は、なぜだかがんばれる**ものだと感じています。私が開催している収納レッスンでも、終わりぎわに「次回までに、〇〇の片づけに取り組みます」と宣言してもらうのですが、その効果は、その次のレッスンのみなさんからの報告を聞けば明らかです。

声に出して宣言する相手がおられない方は、やることリストを見て「今日はこれを絶対に終える」と、蛍光ペンで印を付けるだけでも、気合いの入り方が変わると思います。

06

1日を〝午前〟〝午後〟〝夕方〟と3つの時間に分けて考える

どんな仕事も、私は、やるべきことを具体的に分解して考えるようにしています。そして、「1日でこれを全部する」というふうに予定を組むのではなく、「午前にこれ、午後にはそれ」という具合に仕事を割り振っていきます。

こう考えるようになったのは、私が一日中ずっと同じ仕事ができないタイプだからかもしれません。だから、**仕事時間を〝午前〟〝午後〟〝夕方〟の3つの時間帯に分けて、別々の仕事を割り振る**ようになりました。そのほうが集中でき、それぞれの仕事の密度が濃くなり、結果もよりよいものになると感じます。

人にもよると思いますが、私は、考えるという作業は8時間続けてはできません。だから、考える作業、例えば原稿を書いたり、レッスンの骨格をつくったりなどのアウトプット作業は、午後すぐにすると決めています。午前は打ち合わせや外出、メールの返信や電話など、人と関わる仕事をすることにしているので、午後のほうが、落ち着いてじっくり考えられるからです。逆に夕方の時間帯は頭も疲れてきているので、書類整理や精算など、あまり頭を使わずにできることを中心に行うように配分しています。ちなみに、決めた時間割内に仕事が終わっていなくても、いったん終了して次の仕事をして切り替えるということもしています。

頭がすっきりしている午前のほうが考える仕事が進むという人もいれば、メールの返信や人と会う仕事は、脳のウォーミングアップが終わった午後いちばんが向いていて効率がいいなど、その人の性格や仕事内容によって、配分は違います。でも、1日を**3つの時間帯に分け、その時間帯に向いている仕事を意識的に割りふるほうがパフォーマンスは上がる**というのは多くの人にあてはまるはずです。

自分に合っている仕事の配分の仕方がよくわからないときは、「仕事の進捗状況がとてもよかった!」という日の仕事配分をぜひ検証してみてください。朝いちばんにはなにをしていたのか? アウトプットの仕事がスムーズにまとまったのは、取り組んだ時間帯がよかったのではないかと、振り返ってみることで、きっと自分に合った仕事の時間割が見つけられるはずです。

日時の決定はできるだけ主導権をにぎる

仕事をしていると、メールで日時を決めるというシチュエーションがあります。

A「例の案件で、9月にお会いしたいのですが、いつくらいがいいですか？」
B「20日と25日以外はいつでも大丈夫です」
A「では、23日、24日はいかがでしょうか？　ご希望のお時間はありますか？」
B「午前中のほうが助かりますが、合わせられますよ」
A「私が24日午前が難しいので、23日の午前はいかがでしょう？」
B「では、23日の午前10時からでいかがでしょう。場所はどうしましょうか？」

相手を思って、都合のいい日時を選んでもらおうと心を砕いたばかりに、何回もメールが行き交う例です。ここまでのことはあまりないにしても、決まるまで、数回のメールをやり取りするというのは、よくあることのような気がします。私は、**短いやり取りで日時が決まるよう、できるだけ主導権をとったメール**を書くようにしています。

私「例の案件で、お会いしたいのですが、9月の25日、26日あたりはいかがでしょうか？　ご都合がよろしければ、午前10時に『○○カフェ』でお会いしたいです。もし、両日とも難しければご希望の日時をいくつか挙げていただけますか？」

先方「両日難しいのですが、24日でしたら終日、27日でしたら午後大丈夫です」

私「では、24日午前10時に『○○カフェ』で、よろしくお願いします」

たとえ短いメールでも何回もやり取りすれば、かなりの時間を取られます。最初にある程度、日時や場所を絞って提案しておくと先方もYES、NOで答えやすく、NGの場合でも具体的な日時を返信してくれる確率が高まると感じます。お互いがそういうふうに心がけることで、確実にメールの回数が減らせます。

ちなみに、**候補日が数日あったら、私は必ず早いほうの日付を**選びます。そのほうが前倒しで仕事ができ、成果が上がるという実感があるからです。

体のバイオリズムに合わせて月の中での流れを決めておく

ひと月の中でも、調子がいいとき、低調になるとき、そんな波はありませんか？女性特有の体のサイクルの影響で、ある程度決まった体調の波がある人は多い気がします。私の場合、月の後半のほうが、前半より体調が安定していると感じています。前半は、イライラしがちでささいなこともうまくいかないと感じる時期である一方、体調のいい時期は肌の調子もよく、自信を持って人と会えます。

そんな自分のサイクルがわかっていれば、**体調に振り回されないよう、月の中で仕事の割り振りも能動的に考えられる**ようになってきます。もちろん、体調がどうであってもやらなければならない仕事やスケジュールはありますので、そればかりを中心に考えるわけにはいきませんが、スケジュールを自分で割り振れる仕事に関しては体調の波を意識することで、スムーズさが変わります。

例えば、私なら体調のいい月の後半に、外出をともなう打ち合わせ、セミナーなど、外に出たり、人の前に立ったりする仕事を積極的に入れます。前半には、社内でじっくり取り組むような仕事を中心にという具合です。

一見わがままなようですが、体調で人に迷惑をかけたくない、仕事の質を最大限まで高めたいというのが正直な気持ちです。だから**予測ができる体調の波を意識をしてスケジュールを組むのはプラスなことが多い**です。

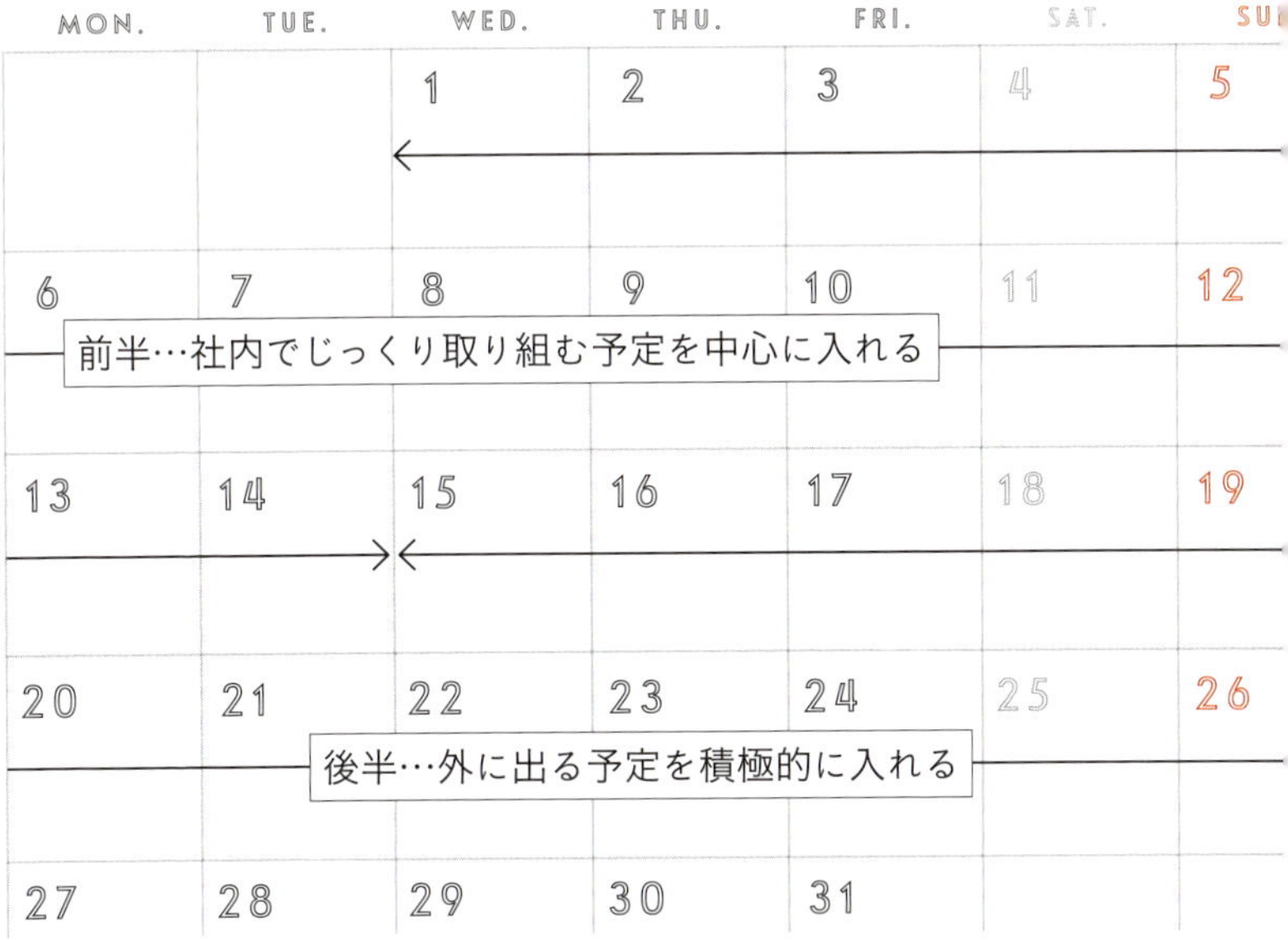

MON.	TUE.	WED.	THU.	FRI.	SAT.	SUN.
		1	2	3	4	5
6	7	8	9	10	11	12
13	14	15	16	17	18	19
20	21	22	23	24	25	26
27	28	29	30	31		

前半…社内でじっくり取り組む予定を中心に入れる

後半…外に出る予定を積極的に入れる

今後も同じ仕事をするなら時間の見積もりを必ずとっておく

今、自分がやっている仕事。「この量なら1日しっかりやれば終わる」「どれくらいかかるかわからないから、とにかく急いでやらなきゃ」。それぞれの気持ちで取り組み、どちらも1日で終わったとします。どちらのほうがいいでしょうか？ 結局同じなら、どちらでもいいのでは？と思われるかもしれません。

前者の場合、終わる時間が予測できているので、心は穏やかですし、焦ることもありません。ひとつひとつを平常心でこなせるので、ミスも少なくなるはずです。でも、後者の場合、今日中に終わるかわからないから、仕事の間ずっと気持ちが落ち着かなくて焦ったり、焦るあまりちょっと雑になってしまったり。明日絶対やらなければならない仕事を先にすませておいたほうがいいかもと、仕事の段取りに頭を占領されて、ミスに気がつかなかったり。1日で終わったこと以外の結果は、実は大きく違っているはずです。

私は、今後も同じような仕事があることが予測できる場合、その**仕事にかかる時間を必ずはかる**ようにしています。例えば、梱包作業なら30分終わったところで何個完了しているかを数え、残りを終えるには何時間と見積もります。そして、最終的に100個の梱包には何時間かかるということをインプットしておきます。ブログを書き上げるのにかかる時間もはかります。平均30分とわかれば、スケジュールを組むときに30分ぶんの枠を割りふれ、慌てながら書く必要や、逆に次の予定まで中途半端に時間が余ることもなくなります。

なんとなく、これくらいと感覚で見積もるのではなく、一度ちゃんとはかることが大切です。人は実際にかかるよりも多めに時間を見積もってしまう傾向がある気がしています。実際は4時間で終わっている仕事をなんとなく「6時間くらい？」と見積もってしまいがち。そうすると、途中だらだらしてしまったり、早く終わってしまって、すき間時間が生まれ、手持ち無沙汰になってしまったり。定期的な仕事であればあるほど、**かかる時間がはっきり見積もれていると、無駄な時間が生まれにくくなる**ので、一度タイマー片手に取り組んでみませんか？

10

100%でなくとも、途中段階で相談する

私が前職でインテリアの商品企画の仕事をしていたとき、キリキリがんばっている感じではなく、肩の力が抜けているのに、いつもきちんと結果を出している先輩がいました。「なぜ、先輩はうまくいっているんだろう？」と、自分の仕事へのヒントを探して、じっくり観察してみたことがありました。

わかったのが、先輩はアイデアがかたまる、かなり前の段階、20〜30%くらいの状態で、上司やまわりの同僚に相談したり、投げかけたりしていたこと。若かったこともあり、その頃の私はとにかく自分の中で「100%できた！」と思うまで、人に見せたり相談したりできずにいました。なにより、自分の中でしっかり100%まで練り上げたものを投げかけるのが正しいと思っていたので、先輩のそのやり方に気がついたときは、ハッとしました。

ひとりで練り上げる100%は、決して完璧ではありません。それよりも、少々ラフだと感じている状態で早めに提出したり相談したりするほうが、さまざまな意見が反映でき、完成度が上がります。一度100%までつくり上げてしまうと、その後的確なアドバイスをもらったとしても小手先の変更でごまかしたり、大きく手直しすることになって時間のロスになったりしてしまいます。

そのことを理解してからは、自分が思う100%を作り上げる前、まだ**完成していない状態でもふわっと上司に相談したり、同僚に投げかけてみたりする**ようになりました。自分がよかれと思ってやっていたことが見当違いだったことに気づけて早めに軌道修正ができたり、いいアドバイスがもらえて企画がより深まったり、多くのメリットがあると感じています。

資料のつくり方ひとつでも、こういう方向でつくっていることを途中で伝えてみると、新たな要望が聞き出せるということもあります。でき上がってから「先に言ってほしかった」と思うことも、「途中相談してくれればよかったのに」と思われることもなくなり、**時間効率がよくなり、成果も上がり、かつ人間関係も円滑になる**ことにもつながる気がしています。

11

暮らしと仕事はつながっている。暮らしが効率化されれば、仕事にもいい波及効果が

仕事では効率化を考え、改善を繰り返していても、仕事から離れた家事は効率化を考える時間がない。そんな方もいらっしゃるのではないでしょうか？　でも、家のことや暮らしのことは、仕事にもつながっていきます。

毎日の家事がラクになれば、仕事にも良い影響があります。朝、余裕を持って出勤でき、出社直後から気持ちよく働けたり、ゆっくりと体のメンテナンスをする時間が生まれて疲れが残らず、仕事に全力投球できたり。会社以外の時間を、仕事同様に効率化することは、結果的に仕事に役立ちます。**暮らしがうまく回せるようになると、仕事も充実してくる**のだと思います。

仕事をしながら、家事も、子育ても……。日々、どんどん忙しくなっているのに、どれも完璧にこなそうとがんばりすぎている女性が増えている気がします。

かくいう私も、育休から復帰したときはがんばりすぎて体調を崩したことも。でも少しずつバランスを整えてきた今は、限りある時間を、優先順位をつけながらやりくりすることが大切だと思っています。

「今、自分がやるべき、優先すべきことは?」「もっと効率よくするために手放せる家事はなんだろう?」「夫や子どもにもっと頼ってみようかな?」などと考え、会社以外の時間も効率化できる方法をつねに探してきました。そして、今もつねに、より工夫ができないかを考え続けています。

自分がラクをする、手間を減らすというと、手抜きのように感じ、罪悪感を抱く方も多いかもしれません。でも、さらによい結果を生むために、仕事で効率化をはかることが重要なのと同じで、**仕事や、家族との時間という大切なことに集中するための選択は、手抜きではない**と思っています。

家事のハードルを下げることも大切。自分や家族が気持ちよくいられる状態ならていねいなやり方でなくてもいいし、家電や、夫&子どもに頼るのもひとつの選択。実家でのやり方や雑誌にのっている方法が絶対正しいわけではないですし、理想通りにできてない自分を責める必要もないと思っています。

12 仕事に集中するために家事の手間を減らす工夫

「時間に追われずに、時間を追いかけたい」。そういつも心がけています。だから、家で過ごす時間が、ずっと家事に追われているという状態にならぬよう、家事の不要な手間は省き、スムーズに回す方法を考えてきました。

例えば洗濯。私は毎日寝る前に洗濯乾燥機をセットします。このとき、朝起きたら洗濯と乾燥が終わっているよう、翌朝6時完了でタイマー予約。干す必要のあるモノは入れず、子どもの平日服、下着、タオル類とシワが気にならないモノだけなので、乾燥までしてしまいます。つまり〝干す〟という手間を思いきってカットしました。もちろん、干す必要がある服もありますが、それらを分けることで家事の手間は激減しました。

家事をラクにするには、ルーティン化も重要だと思います。朝起きたら、乾燥まで終わっている洗濯物を仕分け、コーヒーを淹れ、1日分の麦茶をつくる。もうなにも考えずとも自動的に体が動く、私の朝のルーティンです。「次はなにする？」と考える必要がないので、さくさく進み、時短につながります。眠くて頭がぼーっとしていても、家事が片づいていくので、無駄な時間が生まれません。

毎日の洗濯も同じ。洗濯物が少ないときでも「毎日する」と決めたら、ルーティンとして自然にこなせるようになり、ラクになりました。「今日は洗濯したほうがいいかな？」と手を止めて考えていると、動作が止まってしまいます。また、しない日をつくると、翌日はいつもより洗濯物の量が増え、いつものペースで家事が進まなくなることも。「毎日する」は、大変なようでいて、実はそのほうがラクになるという選択でもありました。

ほかにも、野菜を切るなど同じ作業はまとめる、高いゴールを目指さず、家族が気持ちよくいられればよしという考え方に切り替えるなど、家事の手間を減らす工夫はいろいろ。そうすることで、仕事にしっかり集中できるようになります。

たたまない・干さない

洗濯物はたたんでから収納。そんな思い込みを手放して、干したときのハンガーのまま、クローゼットにかければ、一瞬で片づけが終了します。また、太陽のもとで干すと決めず、下着やタオルは乾燥機でよしとわりきれば、干す時間も激減します。

タイマー予約する

夕食時間にごはんが炊き上がり、帰宅する時間にお風呂が沸いていて、朝起きたら洗濯が乾燥まで終了している。こんな理想の状況がタイマー予約ひとつで手に入ります。自分が決めたスケジュールに合わせて家事が流れるので、家事に追われている感がありません。

野菜のまとめパック

「冷蔵庫からいろいろな野菜を出して、必要な分を切り、残りを戻す」。夕食の準備のたびに、この作業を毎日繰り返すのは大変です。私は、野菜は日曜日にまとめてカットし、1日分ずつパックをつくるのを習慣化。平日は、汁ものやカレーがすぐに完成します。

お弁当は時々使い捨てパック

お弁当用のおかずを用意するのだけでも大変なのに、弁当箱、箸、弁当包みと全部を完璧な状態に準備しようと思うと洗いものが増え、もっと大変に。ときには使い捨てパックも利用し、片づけの手間を軽減。いつもじゃなくても、ときどきラクするのもひとつです。

13

〝時短〟目線の文房具選び

Item no. 004-006

(左から)

マッキーノック細字 ¥150＋税／ZEBRA
キャップレスネーム印 ジョインティJ9
¥723＋税／三星堂 おんらいん工房
USB メモリー USM-U シリーズ オープン
価格／Sony

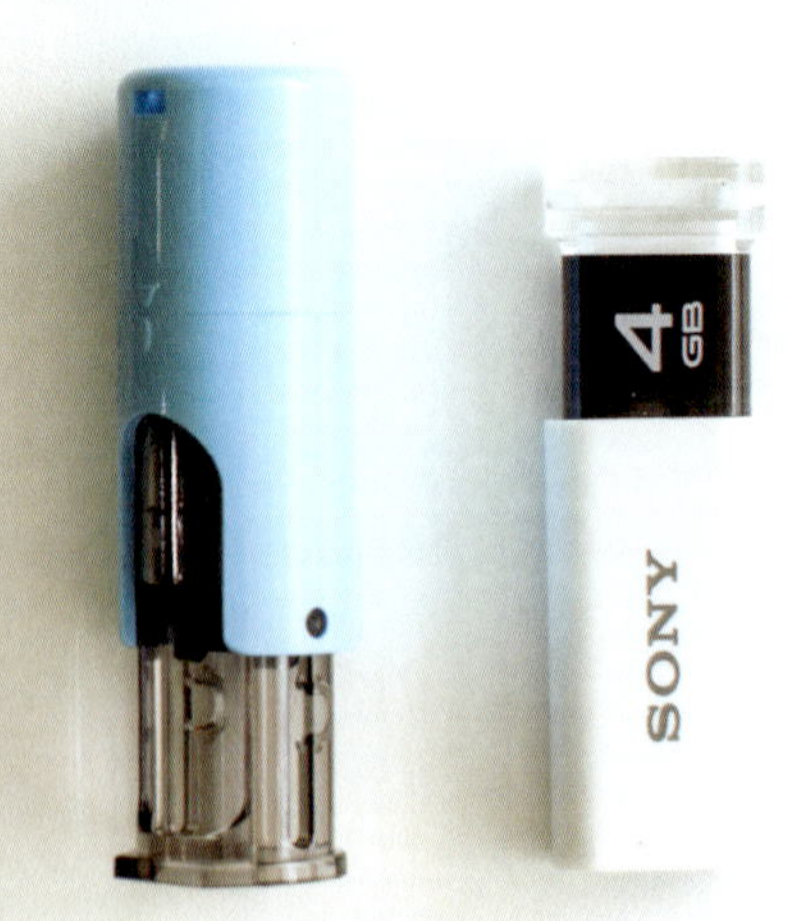

仕事で日に何度も使う印鑑。あるとき、キャップレスの商品があると知り、大げさな言い方かもしれませんが、「これは、革命！」だと思いました。ささいなことですが、**小さくても時短になる改善ができるとうれしいですし、その積み重ねが仕事をラクにしてくれます**。

右の写真は、油性ペン、印鑑、USBメモリ。どれもキャップレスです。キャップレスはワンタッチで使えて、キャップをなくす心配がないので、私は積極的に選んでいます。ペンもできるだけノック式のキャップレスです。

文房具選びに迷う方は、**ぜひ毎日使うモノから改善を**。1日に何度もはさみを使うなら、切れ味がよく、自分の手に合うサイズのモノに買い替える。ボールペンと赤ペン、どちらもよく使うなら、両方が1本になっているモノを使ってみる。そのつど、持ち替える必要がなくなり、びっくりするほど仕事の効率が上がるかもしれません。

「これがあると、時短になるかも？」と思いながら文房具売り場を歩くと、いつもと違った発見があるかもしれませんし、それを使うとき、ちょっとだけ楽しみながら、仕事ができるようにもなります。

フリクションボール

ペンなのに、消せる！画期的な商品。摩擦熱でインキの色が消える仕組みだそう。色が増えているだけでなく、4色タイプ、蛍光ペンタイプのフリクションもあります。広範囲をしっかり消したい場合には専用の消しゴムも出ています。

Item no. 007
(左から)フリクションライト SFL-10SL ¥100＋税
フリクションボール4 LKFB-80EF ¥800＋税／PILOT

カラビナ付きのボールペン

仕事現場に行ったものの、「書くモノがない！」と焦った経験はありませんか？　こんなカラビナ付きのボールペンを鍵やバッグに付けておくと、ヒヤリとしたときに助かります。私はちょっとしたお礼代わりに、人に差し上げることも。

Item no. 008
byLoFt カラビナ付き ボールペン ¥240＋税／ロフト

印マット付朱肉 シクオス

朱肉を使う印鑑を押すときに、活躍する、この商品。実はふたの部分が印鑑を押すためのマットになっていて、マットを別に用意する必要がないんです。マットを〝敷く〟印鑑を〝押す〟がひとつでできる便利アイテム。

Item no. 009
印マット付朱肉 シクオス ¥600＋税／
シヤチハタ

テープのり

水のりやスティックのりは、ノートや紙の裏に響くことがあったり、手やデスクにべったりと付いてしまって残念なことになったりしがちです。テープのりはさらっとのりが付き、ふたの開閉が簡単で本当に便利。貼ってはがせるタイプも重宝します。

Item no. 010
PiTtapeM ¥400＋税
つめ替えテープ¥280＋税／トンボ鉛筆

14

自立するバッグインバッグを社内で持ち歩く

会社のデスクで仕事をしているとき、「あ、充電器、バッグの中だ。ロッカーまで取りに行かなきゃ」となったり、ブースで打ち合わせをしているときに「メジャーが必要なのに、バッグに入れっぱなし」となったり。モノは違っても似たような経験はありませんか？　手元にバッグがあったとしても、**そのたび、バッグをひっぱり出してごそごそ探していては、非効率**な仕事につながります。

そんなときにあると便利なのが、バッグインバッグ。自宅でバッグを変えるときに忘れ物がなくなるだけでなく、いつも**持っているべきモノが入っているので、実は会社でも役に立つ**のです。出社したら、これひとつをデスクに出して仕事をスタート。打ち合わせのときにも持参すれば、忘れ物知らずです。自立するモノであれば、出し入れしやすくスマートで、場所を取りません。

Item no. 011
cravate バッグインバッグ ¥2760
＋税／PLUS& PLUS

15

打ち合わせや会議のメモはノートよりA4用紙がおすすめ

打ち合わせや会議には、ノートではなく、A4用紙を数枚、バインダーにはさんで参加しています。そして、案件ごとに紙を変えながらメモしていきます。A4用紙は、どこにでもあるうえ、こうしておけば、

・サイズが統一され、**クリアファイルでの管理がラク**
・1枚ごとに**並べ替えができ**、案件ごとに別の用紙を用意することができる
・**スキャンやコピーがしやすい**ので、同僚にシェアしたり、のちのちデータ化するのが簡単。さらにデータ化すれば処分できてノートのように場所を取らない

など、メリットがいっぱいあります。

自分の考えをまとめようとするときも便利で、サイズが大きいので、どんどん考えを書き留めていくことができ、アイデアも広がっていくと感じます。

クリアファイル
に入れて収納

16

TO DOリストはふせんではなく、ノートに

スケジュールはデジタルカレンダーで管理していますが、〝やらなければならないこと＝TO DO〟は、ノートに書いて一括で管理しています。ふせんや小さなメモにバラバラに書くより、**仕事のことも家のこともTO DOを一覧できる**ので、私には合っているようです。ただ複数の案件や家のこと、子どものことなどが混在するとわかりにくくなるので、見開きで8列にジャンル分け。ノートに毎回ラインを引くのは面倒なので、ただページを縦に2回折るだけですが、これで十分。週に1見開きと考え、**来週やるべきことを思いついたときに、次の見開きに書いておける**のも、ノートを使うよさです。

TO DOリストは少ないほうがいいので、短いメールを送るなど数分でできるようなことはできるだけ**「書く前に、やる！」**と心がけています。

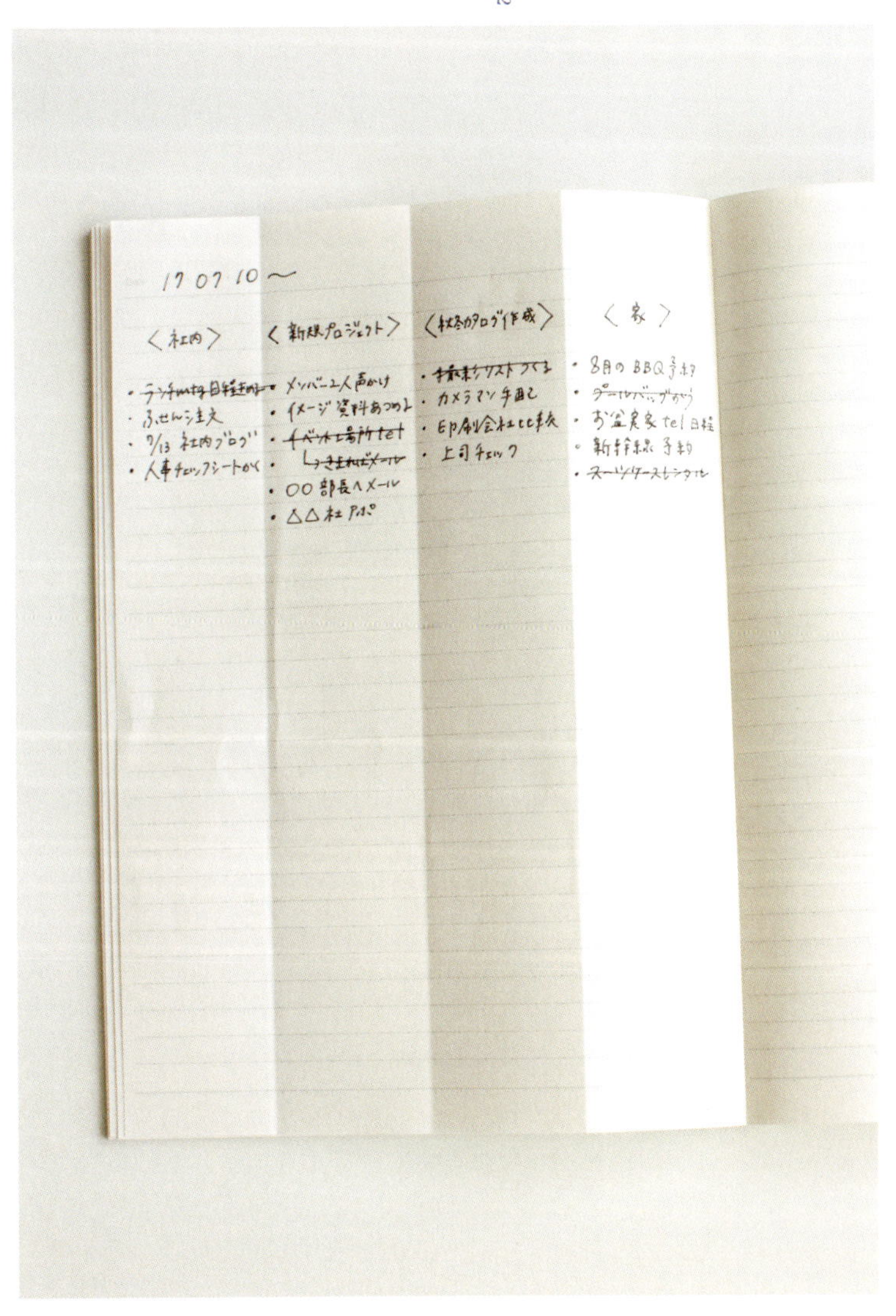
17 07 10 ~
〈社内〉
・ふせん注文
・7/13 社内ブログ
・人事チェックシートかく
〈新規プロジェクト〉
・メンバー2人声かけ
・イメージ資料あつめる
・○○部長へメール
・△△社アポ
〈秋冬カタログ作成〉
・取材リストつくる
・カメラマン手配
・印刷会社比較
・上司チェック
〈家〉
・8月のBBQ予約
・プールバッグかう
・お盆実家tel日程
・新幹線予約
・スーツケースレンタル

17

どんな職業の人にもおすすめ、“マイノート”

70710
雑誌で見た写真。

スプーン入れてしまって撮るのもいいかも！
全体じゃなくて一部分、なところもgood！

70710
藤本さんとランチ。
たのんでたカレーにレモン輪切りのってて さわやかで
夏らしかったし かわいかった！

（見た目）（季節感）（夏といえば…のイメージ）

もちろん味と、目から入る季節感大事！

・レモン系サンド…
・レモン×クリーム
・パッケージの色 さわやかに イエロー とか ライトブルー…

70711
夕方、お迎えに行ったら なおくん、「次のお誕生日、虫の図鑑ほしい」と言ってた。さがす！
・ひまわり書店
・ドレミブックス

昆虫？
生きもの全般？

私は、就職をした2004年から、〝マイノート〟と呼んでいるノートを書いています。現時点で計58冊。マイノートは、**自分のアンテナにひっかかったことを、ジャンルは問わず、日付順にひたすら記しているだけ**のノートです。

雑誌で好きだなと思った写真の切り抜きを貼る。テレビで見て心に響いた言葉を書き出す。読んだ本の内容と、その気づきを残す。子どもの言動で成長を感じたときの喜びをメモしておく。バラバラですが、本当に心が動いたことだけなので、私の好きなことや、考えたことが、ここに詰まっています。いわば、**私が自分のために編集した〝雑誌〟のようなノート**です。

このノートのおかげで、自分の好きなことが明確になったり、考えがまとまったり、過去の自分のちょっとした〝気づき〟によって、今の自分の仕事のアイデアがふくらんだり。仕事をするうえで、たくさんの場面で役立っていますし、落ち込んだときに助けられることもあります。企画職の方でなくても、仕事の効率化のアイデアを思いついたり、つまらないと感じていた仕事のいい面に気がついたり、ちょっとした雑談が広がって営業の役に立ったりと、どんな仕事の方にもプラスの効果があると思います。

18

もやもやしたら、気持ちをどんどん書き出す

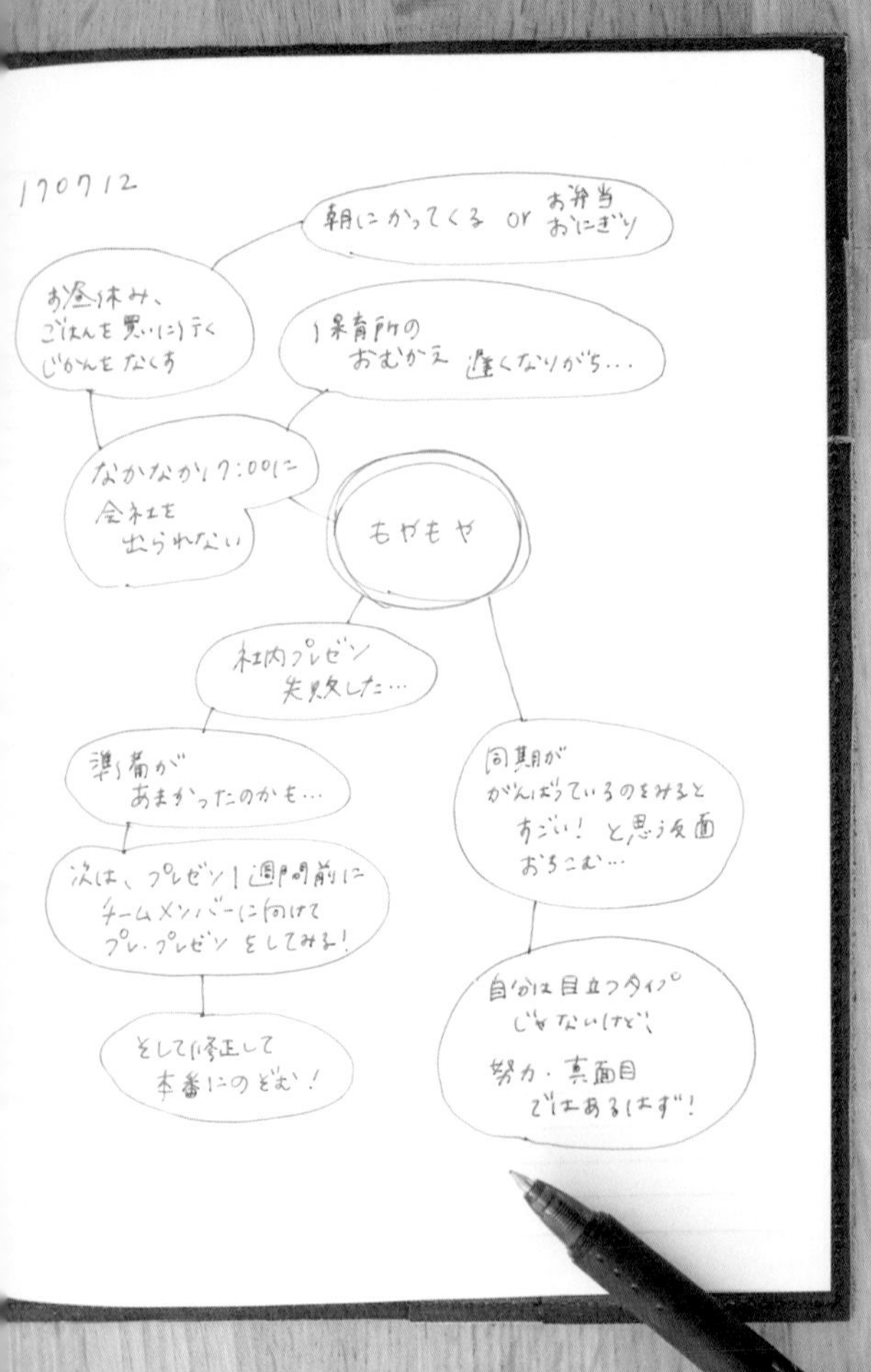

仕事が思うようにいかない、誰かとの関係で悩んでいる。そんなときは友人に愚痴を聞いてもらうのももちろんひとつですが、私は、マイノート（P92参照）を取り出します。そして、ノートの真ん中に〝もやもや〟とまず書き、ぐるぐるっと丸で囲みます。あとは、**連想ゲームのように、もやもやの原因と感じることを書き出し、さらにイメージを広げ、思いつくことを追加していく**。ただ思いつくことを上から順番に書いていくより、発想が自由になるのか、書くことの幅が広がっていきます。これはマインドマップと呼ばれる発想法を参考にしています。**書き出してみると、不思議なことに気持ちがどんどん整理されていく**のを感じます。改めて、全体を見渡してみると、もやもやを解決する方法を思いついたり、仕事のアイデアが広がったりとすっきりすることが多いのです。

1枚の紙にではなく、マイノートに書いておくと、後から見返したときにもやもやから成長していることに気づけたり、「こんなことで悩んでいたの？」と思ったり。今のもやもやも次へのステップだと自分を肯定できます。ネガティブからはじまっても、最後はポジティブに終える、具体的な行動に落とし込むことも大事。これを重ねることでいろいろな問題に対して心をしなやかにできる気がします。

今後も続きそうなことは〝仕組み化〟する

今後も、ある程度定期的に行う必要のある業務が発生したら、私はそのやり方を仕組みに落とす時間を設けるようにしています。

例えば、私の会社で、月に数回だけオープンしているショップの準備。毎日なら、自然とオープン準備は体が覚えるようになりますが、月に数回だと、毎回、「どうだっけ?」と考えながらやることになり、余計な時間がかかってしまいます。

そこで、オープン前に**やるべきこと、点検することをリスト化。仕組みとしてつくり上げておく**ことで、そのリストをチェックしながら行えるので、考えながらやるよりさくさく準備ができますし、忘れ物や漏れも防げます。また、自分ができないときでも、違うスタッフがそのリストを見ながら準備をすることが可能になるので、引き継ぎが簡単です。

例えば、月1回の会議の準備の担当だったとします。

・日程が決まったらすぐにやることをリスト化（会議室の予約、関係者にメール送信など）
・連絡する必要のある人をリスト化（可能なら会議専用のメールリストを作る）
・いつも必要になるモノをリスト化（バインダー30個など。可能なら専用ボックスを用意する）

紙のノートに、パソコンのメモやエクセルに、Ｅｖｅｒｎｏｔｅになど、メモをしておく場所や方法はなんでもかまいません。**すぐに見返せる状態にまとめて書いておくことが重要**で、以後はそれを見ながら準備を進めるだけ。書いてなくてもできることでも、準備のたびに、頭をフル回転させたり、毎回ふせんにメモを書いたりする必要がなくなるのは、かなりの時短です。もちろん、「あ！　忘れた！」などという失敗も防げていいことばかりです。

よりよい方法が出てきたら、そのつど仕組みを更新。そうしておけば、毎回、考えることなく、いつでも最良の方法でやるべきことが行えるようになります。

20

5分でできることをリストアップしておく

思ったより打ち合わせが早く終わったり、上司からのチェックバックを待つ時間だったり。どんなに忙しく仕事をしているときでも、ふと、ぽっかりと、5分ほどのすき間時間が生まれることって、ありますよね。

次の仕事にとりかかるほどではない、**ちょっとしたすき間時間に、やりたいと思っていたことをやる**か、なんとなくぼーっとやり過ごしてしまうかでは、仕事の効率が大きく変わります。

すき間時間は突然訪れるので、そのときになってから、「なにをやろう？」と考えると、あっという間に終わってしまいます。だから、**5分のすき間時間ができたらなにをするかを、前もって書き出して**おくのがおすすめです。

例えば、

・財布の中に入っている精算用の領収書の整理
・ＴＯ ＤＯの見直し
・デスクの上の簡単な片づけ
・いただいた名刺をスマホでスキャン　など

5分あったらやりたいこと、5分でやれることを考えて、ふせんに箇条書き。手帳やパソコンに貼っておけば、それを見て、すぐ、取りかかれるので、その空き時間が無駄に流れません。同じように、「30分時間ができたらやりたいこと」を書き出すのもありです。まずは、次に5分のすき間時間ができたら、「5分でできることリストをつくる」と決めるといいかもしれません。

気分転換になるので、パソコンやスマホに向かってやることより、私は手を動かすことを中心に書き出しています。

21

朝のルーティンでいつもの自分になる

出社をして、朝いちばんにすべきことを、書き出してみませんか？　なぜそんなことをするのかというと、無意識にやっていることも、文字にすると新たな気づきがあるから。例えば、コーヒーを淹れに給湯室に行くなら、流れで別の用事もくっつけようとか。ささいなことでも、スムーズに朝の準備が流れるようになります。そして、そのメモを見ながら、毎朝、同じように回していきます。

考えずに動けるから時短になるのはもちろん、ルーティン化にはさらなるメリットが。決まったことを決まった流れで行うことで、実は、気持ちが落ち着いてくるんです。出かける前に家族とけんかしてイライラしていても、大きなプレゼンがあって緊張していても、**いつもの朝と同じルーティンがあることで、徐々に“いつもと同じ自分”になれて、その後の１日がスムーズに流れはじめます**。

パソコンを立ち上げる
コーヒーを淹れる
個人ポスト取りに行く
返信必要なメールにフラグをたてる
簡単なメールは即返信
食品業界新聞を読む
昨日の売り上げチェック
スケジュール帳チェック

22

写真の送付は
エアードロップなど、
無線ファイル転送が便利

スマホで撮影した写真を資料として同僚に送る。取引先との打ち合わせをしながら、手元にある参考になりそうな資料を担当者に送る。以前は、こんなときに「あとでメールに添付して、送付しておきますね」という流れでワンクッションおく必要がありました。でも、今なら、**Bluetoothを経由するだけで、互いの写真や資料を共有できるので、その場でのやり取りが可能**です。互いに設定をする必要がありますが、頻繁にやり取りをする相手なら、圧倒的にラクでスムーズ。MacやiPhoneなら〝エアードロップ〟、WindowsならBluetoothを使ったファイル送信&受信の機能を使います。

自分の**パソコンとスマホの間の写真のやり取りもラク**になるので、その目的のためだけにも使ってみる価値があります。

ABCDEFG

ニュースレ
タイトル
はじめに

提出書類はできるだけA4用紙1枚にまとめる

就職をして最初に「提出資料はA4用紙1枚にまとめなさい」と習うほどのビジネスの基本ですが、意識して徹底している人は、意外に少ないと感じます。時々「これが1枚にまとめてあったらなぁ」という文書を見かけることも多いです。

私は、仕事の資料づくりには、収納と共通する部分があると思っています。あれもこれもとっておきたいからと、なんでもギュウギュウに、収納スペースに詰め込んでしまうと、とりあえずは収まるかもしれません。でも、とても使いにくい状態になるのです。それより、全体を見渡して本当に必要なモノだけを取捨選択してから、収納スペースに収めれば、パッと見ただけでどこになにがあるかわかりやすく、出し入れもラクになる収納が完成します。

書類づくりも同じこと。とりあえず、言いたいと思ったことすべて網羅しよう

として何枚にもわたってしまっている資料は、なんでも詰め込んでいる収納スペースのような状態です。すべてを詰め込んでいて親切なようですが、パッと見て、なにが重要かわからず、本当に伝えるべきことが伝わらないという結果になります。それでは、せっかくつくった資料や企画書が十分な役割を果たさず、もったいない気がします。

A4用紙1枚は、一見、手を抜いたように見えるかもしれませんが、実際のところ、短く、わかりやすい書類をつくるのは、何枚もの資料をつくることより難しいものです。A4用紙1枚にまとめることを意識しながら**内容を削ぎ落として いくと、その過程で自分自身の頭が整理され、伝えたいことが明確になり、相手により伝わる資料ができ上がります**。相手の時間を無駄に使うことなく、伝わる資料になるので、仕事の成果がアップすると思います。

A4は、多くの人がよく使う、ビジネスの統一サイズであり、自分も相手も管理がしやすいもの。また、何枚にもわたる資料は印刷に時間とコストがかかります。メール添付する場合は、先方にその負担がかかっているということも忘れないようにしています。

企画書、資料、メールなど、ポイントは3つまでにまとめる

私が毎月開催している収納レッスンを構成するとき、お伝えしたいことはたくさんあるけれど、最後はどのレッスンでも3つのことを覚えて帰っていただこうと意識しながら組み立てます。メールを書くときも同じで、できるだけポイントを3つに絞って、お伝えするようにしています。自分が、聞く側、読む側になることを想定すると、それくらいがちょうど理解しやすく、最終的に記憶に残ると感じるからです。

長いメールや大量の資料をもらうと、ざっと見て、「今、時間がないから、後でしっかり読もう」と後回しにし、結局ざっくりとしか読まなかったという経験はありませんか？　みんなが忙しくしている仕事の場ですから、そうなってしまっても仕方がないこと。でも、書いた側になってみると、せっかく労力をかけて書いたのに、最後まで読んでもらえないようでは仕事の成果につながりませんし、どんなに内容がすばらしくても意味がなくなってしまいます。

企画書や資料を提出する相手、メールを送る相手、プレゼンをする相手は、上司や同僚、取引先であっても、読み手であり、聞き手です。仕事なのだから最後まで読んでもらえる、聞いてもらえるのが当たり前と考えず、**つねに読みやすいか、記憶に残る内容かを念頭に、書き、話す**ことが大切です。

気をつけているのは、収納レッスンなどと同様、ポイントは3つまでに絞ること。あれもこれもと羅列していると、結局は読んでもらえなかったり、読み流されたりすると感じています。このメール、この企画書で**伝えたいことはなにか、優先順位をつけて3つに絞ることで、伝わる内容に**なります。

もし、3つに絞るということがうまくできないと感じるようなら、朝、新聞の記事を読んだときに頭の中で3つのポイントにまとめてみたり、今日あったことを3つのポイントでだれかに話してみたり、そんな練習が役に立ちます。

25

メールの着信音を消して集中する

パソコンに向かって真剣になっているときに、ポンと鳴った音や、画面の端に現れたメッセージに引き寄せられ、メールを見に行く。すぐに返信ができていいように感じますが、それまで取り組んでいた仕事の集中力が削がれたり、思いついていたアイデアを忘れてしまったり、実は効率が悪いですよね。

私は、あるときから、着信の音やお知らせを消して、自分のタイミングでメールのチェックをすることにしました。こうすることで頭の中の考えが途切れることがありません。**〝いつでも〟〝受け身に〟ではなく、〝時間を決めて〟〝能動的に〟チェック**するだけで、メールに振り回されにくくなり、ひとつの仕事に集中できます。結果、その仕事にかかる時間の短縮に。ちなみに、スマホのメールとLINEも、音とバイブを両方とも消しています。

26

いくつかの端末でメールを使うなら自分をいつもBccに入れる

会社のパソコンだけでなく、スマホや持ち運びしているノートパソコンからメールを確認している人も多いのではないでしょうか？　そして、そのままその端末で返事をするということも多々あるはずです。メールソフトにもよりますが、送信メールは、そのメールを送った端末にしか残らないというのが一般的。つまり、あとから別の端末を使って自分が送ったメールの内容を確認しようとしても、見ることができず、なにかと不便です。そこで私は、**メールを送信するときに、Bccで自分宛にもメールを送信しています**。すると、どの端末にも自分の送ったメールがある状態になるので、検索窓にキーワードを入れるだけで、目当てのメールを探し出すことができます。自分を自動的にBccに入れるよう一度設定しておけば、入れ忘れることもなく、ラクです。

27

メールの第一印象は仕事の第一印象

　メールが連絡手段として当たり前になった現在、仕事で実際にお会いする前の最初の連絡がメールということも多くなっています。

　以前いただいた仕事依頼のメール。最終的には、その仕事自体は引き受けられなかったのですが、「きっといつもスムーズに仕事を回されている方だな。別の機会があれば、いっしょに仕事をしたい」、そんな第一印象を抱きました。

　その方のメールの書き方を参考にしたいと、「なぜ、そう思ったんだろう？」と自分なりに分析。すると、依頼内容が端的でわかりやすい、またYES、NOで答えられて返信しやすく、メールだけでその方の仕事の進め方の気持ちよさまでが想像できたからだと気がつきました。以来、**私もそんなふうに心理的に返信がラクなメールを書くように**心がけています。

28 メールを早く返信すれば、相手のレスポンスも早くなる

いっしょに本をつくっている編集者のひとりで、いつもメールの返信が早いと感じる方がいます。確実に返信が早く返ってくるとなると、こちらも迷惑をかけないように、〝後で〟を封印して、早く返信するようになりました。あるとき、その方から「Ｅｍｉさんは、いつも返信が早いから、Ｅｍｉさんへの返信だけは急ぐようにしているんです」と聞き、お互いがそう思っていたことが判明し、思わず、笑ってしまったことがありました。

逆に、いつも返信の遅い方だと、言い訳ですが、こちらも遅くなりがちです。つまり、**メールを早く返信することを心がけていると、戻ってくる返信も早くなる**ということ。そんな**プラスのスパイラルが起こる**ことがわかってからは、できるだけ早くレスポンスするように心がけるようになりました。

検索力を上げることは仕事力を上げること

「これ、探しておいてね」とお願いすると、すばやく、そして質の高い情報を見つけてくれるスタッフがいます。今の時代、仕事でも、なにかを知りたい、探したい、依頼したいとなったら、インターネットで検索することが普通になりました。なんでも探せる時代だからこそ、**質の高い情報を、速く検索で見つけ出すことは、仕事の効率を上げるために欠かせない**能力になってきていると感じます。

会社で必要な備品を買おうとして検索するときでも、新たな書類をつくらなければならないときでも、その検索力は生きてきます。私は、**検索ワードは、できるだけ3個入れる**ようにしています。ひとつの検索ワードでは、ひっかかる情報が多すぎて、それぞれを検証していたら、時間がかかりすぎるからです。

ファイルボックスを探しているなら　↓「ファイルボックス　穴あり　紙」
見積書のフォーマットを探しているなら↓「見積書　シンプル　エクセル」

という具合。自分が探しているモノに対して求める条件をはっきりさせてから検索すれば、速く必要な情報を引き出すことができます。

「画像検索」も便利です。検索窓にキーワードを入れ、〝すべて〟ではなく、〝画像〟をクリックするだけ。キーワードに関連する画像が一覧で表示できるので、視覚情報からより速く候補を絞ることができます。Ｇｏｏｇｌｅなどでは検索窓にキーワードではなく画像を入れて、画像から関連情報を検索することもできます。

検索力は、インターネットだけに限りません。自分のパソコンの中に入っているはずの過去資料、書類、メールなどを速く見つけられれば、無駄な時間の軽減に。あちこち探す前に、まず「Ｃｔｒｌ（またはＣｍｄ）＋Ｆ」でパソコン内を検索することを習慣にするだけでも、探し物の時間が減らせます。パソコンだけでなく、スマホのＬＩＮＥやメールにも検索機能があり、活用すると便利です。

書類づくりは、一からはじめない

見積書、請求書、領収書などのビジネス書類は、真っ白な状態からつくらないことにしています。一からつくれば、時間がかかります。今は、**インターネットで検索すれば、フリーで使えるさまざまな書類の雛形やテンプレートが見つかります**。デザインもシンプルなモノから凝ったモノまで、選択肢もたくさん。著作権フリーのものを自分なりに改良しながら、活用させていただいています。

一からつくるより、時短になるのはもちろんですが、いくつかのベースを見比べながら、さらに自分がよいと思うこと、自分の仕事に適した内容や形式を付け加えていくと、抜けもなくなり、**自分が一から考えるより、クオリティーの高いものができ上がる**のも魅力です。

挨拶状、お礼状、お詫び状なども検索すれば見つかります。挨拶状などは、そのままは使いませんが、ビジネスレターのマナーを知るためにも役立つので、書く必要が出てきたときは、参考までに見るようにしています。

こういったサービスを利用するだけでなく、**自分なりのテンプレートをつくっておいて、次回からは、一からつくらない**というのも、仕事時間の短縮に役立ちます。メールでお礼を送ることが多いなら、基本のお礼状フォーマットを自分なりにつくっておき、必要なことを書き足すようにしていく。企画書も、基本のフォーマットをつくっておき、今回の企画を書くところだけに注力すれば、企画内容を考える部分によりたくさんの時間が注げます。

気をつけたいのは、どの書類や送り状であっても、そのまま使うのではなく、自分の仕事に合うよう、少しでも改良すること。よくできたテンプレートでも、やっぱり、自分仕様ではありません。手を加えることで、自分もその書類を見る相手も、見やすく、使いやすくなります。デザインや文面に、ちょっとだけでも自分らしさを加えておくと、通り一遍の形式的な書類であっても、自分の人となりを伝えるツールになってくれると考えています。

31

ショートカットキーや用語登録で最終的に近道

「Ｃｔｒｌ（またはＣｍｄ）＋Ｃ」はコピー、「Ｃｔｒｌ（またはＣｍｄ）＋Ｖ」はペースト（貼り付け）というショートカットキーは知っていて、よく使っていても、ほかのショートカットキーは、わざわざ調べるのが面倒でほとんど使っていないという方もいるかもしれません。でも、急がば回れで、一度、自分の役に立ちそうなショートカットキーを調べて覚える（もしくはメモに書き出して見やすいところに貼っておく）時間を取るのがおすすめです。

例えば、大好きでよくつくるレシピ。つくるたび、毎回本を引っ張り出すより、ちょっと面倒でも、配合と簡単な手順を覚えてしまうか、ふせんに書いて冷蔵庫に貼っておくだけで、つくるたび、その便利さに助けられるはずです。

ショートカットキーを覚える、書き出すことには、それと同じような効果があ

覚えると便利なショートカットキー

	Windows	Mac
検索	Ctrl+F	Cmd+F
すべてを選択	Ctrl+A	Cmd+A
スクリーンショットを撮影	Printscreen	Cmd+Shift+3
スクリーンの一部を選択して撮影	Alt+Printscreen	Cmd+Shift+4
ファイル・フォルダー名の変更	F2	(クリックして) Enter
ウィンドウを閉じる	Ctrl+W	Cmd+W

り、**最初に小さな手間をかけるだけで、その後ずっと時短に貢献**してくれます。

パソコンやスマホに用語登録（ユーザ辞書登録）をするのも同じこと。よく使うフレーズを短い入力で出てくるようにするだけで、時短に。例えば、「おせ」と入力したら「お世話になっております」、「よろ」と入力したら「よろしくお願いします」と変換される。「じゅうしょ」と入力したら、会社の住所が出てくる。小さなことでも、書類やメールの作成が間違いなく速くなります。

ショートカットキーや用語登録はひとつの例です。**自分が毎日やることにかかる時間を工夫して短くする**。そんな姿勢が全体の時短につながり、最終的によりやりたいことに時間を使えるようになります。

先の手間をとって　あとをラクにする

注文した使い捨てのコンタクトが届いたら、全部箱から出し、左右がわかるように印をつけ、1個1個切り離してふたのない箱に入れてスタンバイ。ビニールでパックされている飲料や納豆を買ったら、パッケージをはずして小分けにし、冷蔵庫の定位置へ。その瞬間は面倒でも、先々の自分が毎日ラクになります。

仕事でも同じ考え方を取り入れていて、なにかをするときは、**先にまとめてやってしまい、今後の自分がラクに仕事ができるように**しています。ショートカットキーや用語登録のアナログ版で、**自分の時間を貯金しているイメージ**です。

例えば、伝言をするときに使う大きなふせんにまとめて印鑑を押しておけば、伝言を残すたびに名前を書いたり、印鑑を取り出したりせずにすみます。切手を貼るのもつどつどだと面倒ですが、まとめてやっておけば、出すときはラクです。

ふせんにハンコを押しておく

伝言を書くために使っているふせん。まとめて印鑑を押しておけば、使うたびに、名前を書く必要がなくなります。

提出書類に捺印しておく

捺印が必要な手書き書類は、複数枚印刷しておいて、最初に捺印。以後は印鑑を探す必要がありません。

封筒やハガキに切手を貼っておく

まとめて切手を貼っておくと、手紙を出すのが格段にラクに。お礼状を書くのもスムーズになります。

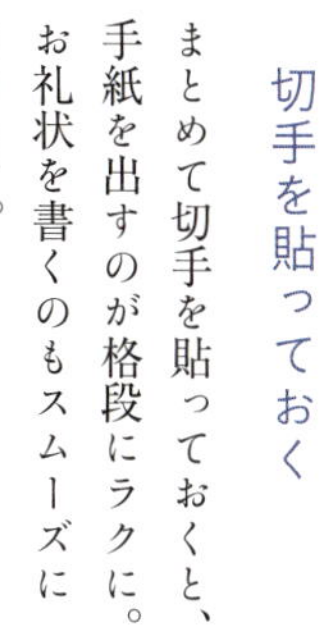

打ち合わせを100％生かす3つのポイント

長時間、打ち合わせをしていたのに、あまり進展しなかった。そんな状態になってしまうことほど、もったいないことはありません。忙しいなか、みんなが時間をつくって集まるのだから、その時間を最大限生かせるように会社員時代から今まで、いろいろな工夫をするようになりました。そこから導き出したポイントをご紹介します。

① 資料は、打ち合わせの前に共有する

打ち合わせがはじまるときに、「今日の資料はこれです」と配りはじめる。なんとなく、当たり前のようにしてしまいがちですが、これでは、顔を合わせながら、その場で無言で資料を読むという時間ができてしまいます。読むのは個々でできることなので、少なくとも**前日までには送り、ちらっとでも目を通しておいてもらうとスムーズに話し合い**に入れて、集まっている時間を有効に使えます。

② 最初に、〝今日決めること〟をアナウンスする

この打ち合わせでどんなゴールを想定しているのかを、はじめに宣言。「今日は、これと、これと、これを決めます」と最初に告知するだけで、打ち合わせの目的が全員にとってはっきりするので、脱線することがあっても、最後にはゴールに戻れます。**終了予定時間も併せて伝えておくことで、みんなの集中力をキープでき、時間が濃密に使える**と思っています。

③ 最後にまとめをし、役割分担をする

打ち合わせの終わりには、必ずこの打ち合わせで決まったことをまとめ、**それぞれの課題や、誰がなにをするのかまで、はっきりさせます**。「これを私がいつまでに送りますから、Aさんはあれをよろしく」などと言っておくことで、迷いがなくなり、打ち合わせの成果が確実に次のステップへと動いていくはずです。

34

〝打ち合わせと会議から持ち帰らない〟

私は、打ち合わせや会議の後、できるだけ「それでは持ち帰って検討しますね」とはせず、その場で結論を出したり、大雑把でも考えをまとめていくことを習慣にしています。1週間後に提出物が必要なら、聞いたそのとき、課題が決まったそのときに、7割ほど頭の中でイメージします。こんなふうにするようになったのは、前職の先輩の仕事ぶりに影響されたのがきっかけでした。

その先輩は、当時ワーキングマザー。ある会議が終わったあと、その場で、先輩が会議のまとめを共有してくれたことがありました。その速さに驚くと同時に、仕事も育児もバランスよくされている秘訣を垣間見た気がして、お話を聞かせていただきました。わかったのが、〝どうするか判断すべきこと〟〝次回までに考えておくべきこと〟は、打ち合わせ中や会議中に結論を出すようにしているということ。そうすることで、仕事がたくさんあっても、仕事にあてられる時間が少なくても、仕事が滞らないと学びました。

それまでの私は、「打ち合わせが終わったら、考えよう」と思っていました。「後でじっくり考えれば、もっといいアイデアが出るはず」とも。でも、結局は、会議で話を聞きながら、なんとなく思っていたこと以上にはいい案が出ないということも多々。それならと、先輩を見習って持ち帰らずに、**その場で〝決める〟〝まとめる〟ことに。そう意識するだけで、7割くらいまで完成する**ということがわかり、「後回しにしない」「今やる」が、私の仕事のスタンスになりました。

後でやろうとするとまた一から資料を振り返り、エンジンをかけてスタートするまでに時間がかかります。はじめに7割ほどイメージしておいて、後の時間には、プラスアルファのアイデアを煮つめたり、見やすい資料にまとめたりを心がけています。**完璧を求めるより、大雑把でも進めておく**。すると、少しずつでも前に進んでいるから、少ない時間でも効率よく結果を出していくことにつながっている気がします。

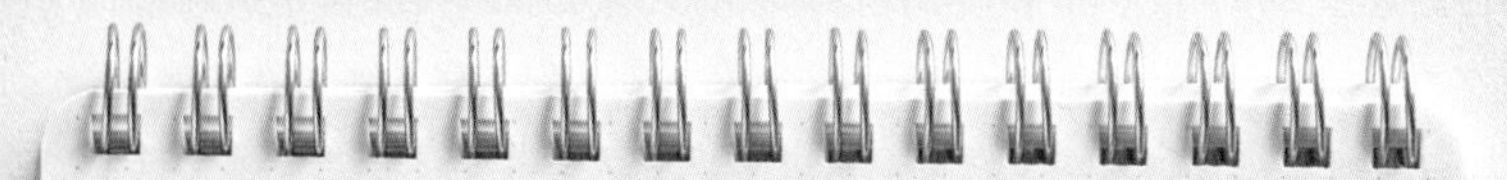

COLUMN

仕事が大変な時期は成長につながる

私が双子の育児休暇中、勤めていた会社では、組織変更があったり、新しい企画が持ち上がったりと、新体制でみんなが大変な思いをしていた時期と重なっていました。同僚から、「ものすごく大変だったから、休んでいるタイミングでよかったかもよ〜」と話を聞き、職場が大変なときに休んでしまったと申し訳なく思いながらも、ちょうど大変な時期を避けられたのかもしれないなと感じていました。

たまたまその話を、自分の大学時代の友人に話しました。「職場が大変なときみたいで、私、休んでいる期間でよかったかも」

そう言った私は、彼から、「それは、よかったかどうかはわからんで。むしろ、大変なときを乗り越えてみんなすごく成長してるかも。それ、経験できてないっていうことやで」と言われ、とてもハッとしたと同時に、自分に対して、ものすごく恥ずかしい気持ちが湧いてきたのでした。

友達が気づかせてくれた通り、大変な時期を乗り越えた先には、成長した自分がいる。良いも悪いも経験し、仕事でも、そして人としても成長していく。そんな当たり前のことをすっかり忘れていたのでした。そして、はっきりと指摘してくれた友達にとても感謝しました。

「大変な経験は成長につながる」

仕事をしながら時々思い出す大切な言葉です。

CHAPTER 3

みんなの
働き方FILE
01~09

FILE 01 小さな工夫を積み上げて、やり遂げる

青木綾子さん

DATA

勤務先…株式会社千趣会 ファッション販売2部インナー・マタニティ販売チーム

勤続年数…13年

家族構成…夫、長男（6歳）、次男（1歳）

時間はないけど、「やるしかない！」

2回目の育休から復帰して、4カ月。マタニティや育児関連の商品の、販売カタログを制作している青木さん。ふたりの育児をしながら働くという状況にまだ慣れず、バタバタの日々だといいます。

仕事時間は昼休みを入れても7時間のみ。いかに全体を見通して仕事を配分するかが、勝負だと青木さん。「〝お迎え〟というおしりが決まっているから、逆算してそれぞれの仕事に割りふる時間を決めています。時間は足りないですが、『やるしかない！』ですから」と笑顔ながら、決意を感じさせる表情です。

子どもの病気などで突然休むことも不可避です。だから上司、同僚に迷惑をかけぬよう、小さな工夫もいろいろ。例えば、部内でスケジュー

すごく細かく
スケジュールを入れて
みなさんと共有されて
いるんですね！

Googleカレンダーでスケジュールを部内共有。作業の進捗状況も入力する

スケジュールと仕事の進捗状況をみんなにオープンにすることで、自分もまわりも安心

ルを共有しているGoogleカレンダー。予定だけでなく、作業的な内容も書き入れ、終わったら「済」の印を。報告せずとも進捗が伝えられる仕組みです。

デスクの上には現在進行中のボックスが1個だけ。これも迷惑をかけないための工夫のひとつで、書類のありかがわかりやすく、周囲にフォローを依頼するときもスムーズに確認してもらえます。

青木さんの1日のスケジュール

5:30	起床。朝の最低限の家事（床ワイパーがけ・麦茶を沸かす・洗濯物を干す）
6:00	夕食の下ごしらえ（寝坊したら省略）
6:30	身支度。ちょっとゆっくり
7:00	朝食
8:00	子どもたちを保育園に送る
9:30	出社。メール返信、事務処理
10:00	来年のカタログ内容打ち合せ
11:30	上司に進行中の企画書の方向性確認、打ち合わせ（上司も時短ママなので手短かに）
12:00	ランチ
13:00	web販促に関してチーム内の打ち合わせ
14:00	商品開発担当と、新規商品に関してブレスト
15:00	午前中に上司に報告して、意見をもらった企画書を修正
16:30	退社
17:30	子どものお迎え
18:00	帰宅、お風呂
18:30	夕食準備
19:00	夕食
19:30	子どもと遊ぶ、テレビを見る
20:30	翌日の保育園準備（長男は自分で、次男の分は青木さんが用意）、おもちゃ片づけ
21:00	絵本読み、寝かしつけ。だいたいはいっしょに就寝

ほかの働くママの知恵に助けられる

時間には限りがあるから打ち合わせは短く。合理的に仕事を進めます

みんなで合理的にが、うまく回す秘訣

上司も、同じチームの半数も働くママ。だから、みんな時間に対してシビアであり、合理的。「上司からの提案で、子どもの病気など、朝の突然の休みは全員にメールで報告。病院から電話する手間が省けて助かります」

打ち合わせは手短に。急ぎでなければメールで、急ぎなら直接というすみわけも自然に実行。コミュニケーションも大切にしている青木さんは、いろいろな人に声をかけてランチへ。そこで互いの知恵や情報も共有。ヒントをもらって、気持ちよく、そして結果も出して働くべく模索中です。

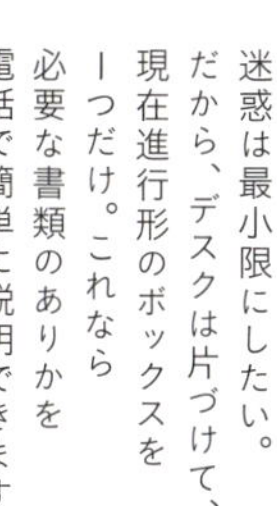

急な休みに備えて大事な書類は一カ所にまとめる

突然の休みでも、かける迷惑は最小限にしたい。だから、デスクは片づけて、現在進行形のボックスを1つだけ。これなら必要な書類のありかを電話で簡単に説明できます

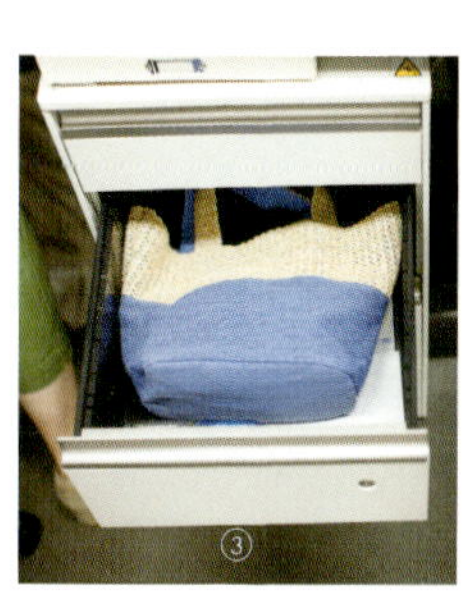

③
2段目の引き出し

①
デスクワゴンの上

④
3段目の引き出し

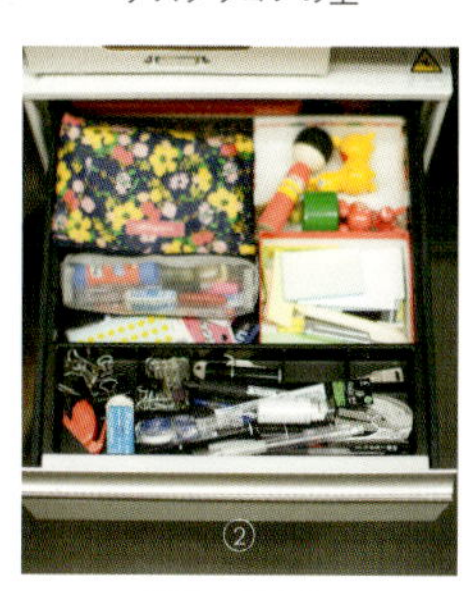

②
1段目の引き出し

青木さんのデスク周り

①デスクワゴンの上は、いちばん手が届きやすい位置なので、浅いボックスを置きました。中身のジャンルはバラバラですが、とにかくよく使うモノをひとまとめにしています。このおかげでデスク上が散らかりません。
②１段目の引き出しは、手前によく使う文具を集合させて、少し引き出すだけで出し入れできる工夫。
③２段目には化粧ポーチなどを収納。帰宅時はPCを入れて鍵をかけるのでゆとりをもたせています。
④3段目の引き出しにはファイルボックスを入れ、資料を立てて収納。モノを見つけやすく。

仕事の優先順位は臨機応変に

〝締め切りが早い順〟を基本に進めますが、記憶が新しいほうが効率のいい仕事やおもしろいと感じた仕事は、すぐやったほうがいい結果につながるので優先して取りかかります。

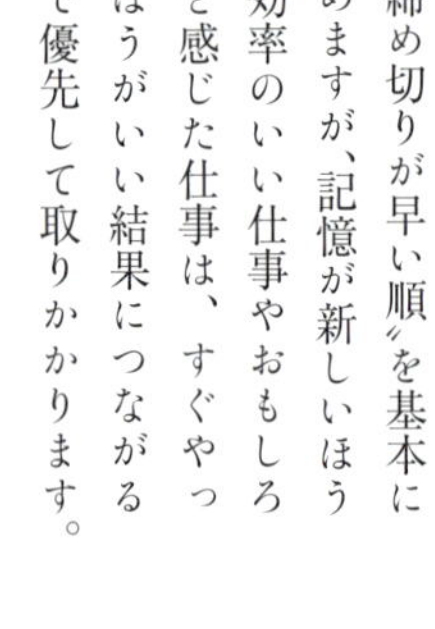

4色のフリクションボールをカスタマイズする

消すことのできる、4色のフリクションボールを愛用。使わない緑色はアダプターで別メーカーのボールペンに差し替え。必要なペンがこれ1本でまかなえます。

仕事終わりに翌朝やることを整理

翌朝いちばんの仕事に必要な資料のリンク先を自分宛にメールしたり、打ち合わせなら必要書類をまとめたり。帰宅前の数分の作業のおかげで、翌日は朝から即フル回転に。

会社帰りに15分だけ小さな寄り道で息抜き

帰宅途中に15分。短時間の寄り道でも、リフレッシュ効果大。明日からの活力になります

仕事モードとママモードのはざまにある時間

短時間だけど濃密な時間を会社で過ごし、帰宅したらかわいい子どもたちとの慌ただしい時間。家に着けば、自然と切り替えができ、仕事モードからママモードへ。

基本的には急いで帰る青木さんですが、ちょっと落ち込んだときには15分だけ、ぜいたくを。とはいっても、帰宅途中に化粧品、洋服など必要なモノを買う程度。でもひとりでの買い物時間は、十分な息抜きになり、落ち込みも少しは薄れるというもの。そんな時間にパワーをもらって、青木さんは、また忙しくも充実した時間に戻っていきます。

石井智子さん

DATA

勤務先…株式会社阪急阪神百貨店 西宮阪急 営業企画部 企画担当

勤続年数…19年

家族構成…夫、長男（4歳）

FILE 02 オンとオフのメリハリで仕事力も上げる

完璧でなくてもとにかく仕上げる！

百貨店の営業企画部で働く石井さん。担当フロアの全体イメージをつくる仕事をまかされていて、催事では、これぞと思った会社にブースの出店を依頼することも。アンテナを広げておくべき仕事です。

子育て中の時短勤務は、つねに時間との戦い。「いつもPCの時計を意識し、30分以内にこれをと思いながら仕事をしています」。朝、頭の中で組み立てたスケジュールを終わらせるために集中していきます。「完璧を目指さず、とにかく時間内に完成させること」が、仕事を効率よく仕上げるコツなのだそう。

同期入社の働くママの同僚の存在は貴重で、いつも互いに励まし合う大切な相手。「互いのしんどさがわかり合えるってだけでありがたいです」。

石井さんの1日のスケジュール

7:15	起床
7:30	朝食、保育園の準備など
9:00	子どもを保育園に送る（火・金は夫担当）
9:45	出社（フレックス勤務）
9:50	日報作成、メールのチェック
10:30	店内巡回・社内会議
12:00	ランチ
13:00	企画書作成
15:00	資料作り
17:00	退社
17:30	子どものお迎え、スーパーへ買出し
17:45	子どもと公園で遊んだり、池の周りを散歩
18:30	帰宅、子どもといっしょにお風呂。くつろぎタイム（一杯呑む）、夕食作り
19:00	夕食
20:00	たまっていた家事の続き
21:00	子どもの寝かしつけ
21:30	リラックスタイム（21:00以降は食べないように）
22:30	就寝

同僚と励まし合い、がんばる姿に刺激を受ける

先輩ママである同僚は
刺激や励みをもらう存在です。
子どものちょっとした病気も
「わかる」と共感できるありがたさ

PCに表示される時間をつねに意識

パソコンの本当のすみっこに
小さく表示される時刻。
この数字をいつも意識して
仕事をするのが、時短のコツ

スケジュール帳はマンスリータイプ

月全体の流れを把握しやすいマンスリー手帳に、予定と、毎日の入店客数を記入しています。細かい1日のスケジュールは、基本、頭の中で管理しているそう。

重要書類はデスクの右手に

基本的にデスク上はすっきりさせている石井さん。現在進行中の重要書類だけ、デスクの上にブックスタンドを使って立てています。すぐ手が取れるよう、利き手の右側に。

石井さんのデスク周り

①カレンダーは実用アイテムでありつつ、ちょっと和みをくれる存在。
②引き出し上段は、手前によく使う文具を入れて出し入れしやすく。中段には小ぶりな本を立てて収納し、見つけやすく。下段の手前には2番手の書類、奥には資料を収納。
③デスク横にマグネットフックを付け、社内移動するとき用のバッグを。
④持ち歩く文具は最低限にし、ペンケースは小さめをセレクト。

CHAPTER 3
みんなの
働き方
FILE 01〜09

会社から一歩出た瞬間に仕事のことは忘れる

通用口が石井さんの切り替えスイッチ。
一ママ、一女性の視点で
暮らしを楽しむことが次の仕事につながります

販売応援で店頭に立つときは、布バッグを斜めがけ。電卓やお金を受け取るトレーを中に。

すべての経験が仕事に生かされる

子育てを通じて諦めることの重要性を学び、仕事への考え方も変わったという石井さん。「いい意味で執着心やこだわりがなくなり、柔軟に仕事と向き合えるようになりました。子育てはとても仕事に役立っていると感じます」

石井さんの仕事は、同世代のママにいかに百貨店まで足を運んでいただくか。「私はターゲットに近いから、暮らしの中での『これ、楽しいよね』の視点を大事にしています」。だから、一歩会社を出たら一ママ、一女性に。そのメリハリが、アンテナの感度をアップさせ、仕事も充実させてくれます。

Y.Sさん

DATA

職業…薬剤師、臨床開発（内勤業務）
※週に2回程度は在宅勤務
勤続年数…約2年
家族構成…夫、長男（8歳）、長女（6歳）

Y.Sさんの1日のスケジュール

〈出社する日〉

6:00	起床。家事、身支度
6:45	朝食
7:45	家を出発
8:30	出社。メールチェック
9:00	資料作成、会議
11:30	同僚とランチ
12:30	資料作成、取引先に電話
17:00	退社
18:00	帰宅。夕食作り、お風呂準備
18:30	学童へお迎え
19:00	夕食
19:30	子どもの宿題チェック
20:00	子どもとお風呂
21:00	家事（食器洗い、洗濯物たたみなど）
21:30〜22:00	子どもといっしょに就寝

〈在宅勤務の日〉

6:00	起床
7:45	家の掃除
8:00	夕食の準備、作りおきなど
9:00	在宅勤務開始
14:00	電話会議
17:30	勤務終了、夕食仕上げ
18:00	習い事のお迎え
19:00	夕食
21:30〜22:00	子供といっしょに就寝

愛用の通勤バッグ
COACHの大きめのトートバッグを愛用。A4のファイルが入り、丈夫なのがお気に入り。

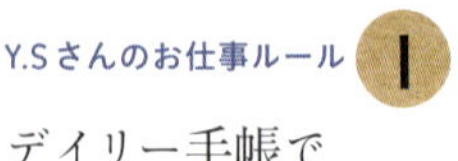

デイリー手帳で1日の予定を管理

マンスリー手帳

デイリー手帳

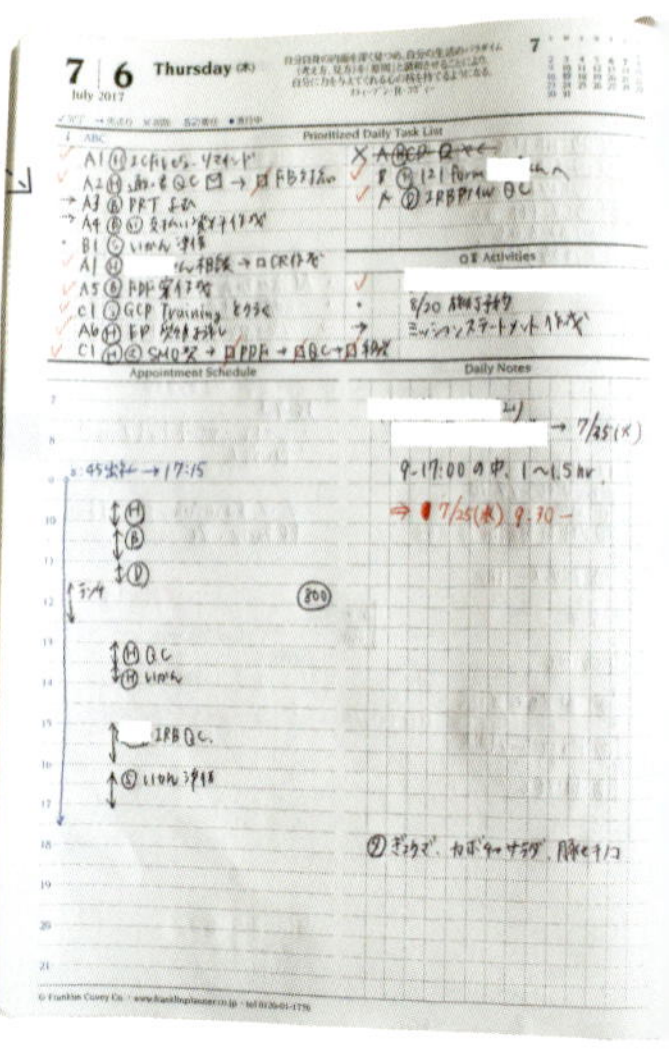

手帳は2冊持ち。全体スケジュールを管理する薄いマンスリーと、その日のTO DOと、1日の時間割を決めるためのデイリーというふうに使い分けています。TO DOには完了、進行中、先送りなどのマークを付け、進捗を確認。"緊急ではないが重要なこと"を書く欄をつくり、意識しながら日々を過ごすことで、暮らしを充実させます。

ルール 2

在宅勤務のための環境を整える

自宅の仕事机

在宅勤務用に大きいディスプレイを購入。昇降させて目の高さに調節できるので、長時間作業で辛かった肩のコリと目の疲れがラクになりました。ノートパソコンとつなげて使用。白を選んだので圧迫感がありません。

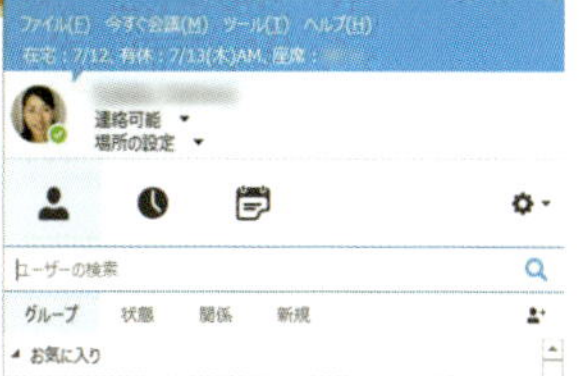

自分の予定をわかりやすく表示

社内では、「Skype for Business」を使って連絡を取り合うことが多いので、自分の名前の上部のメモ欄に在宅勤務日などを入れ、同僚がこちらの状況を把握しやすくしています。

ルール 3

先方の予定をまず確認

承認をしてもらう作業が多いので、あらかじめ、いつになるかを予告しておくことを習慣化。早めに相手のスケジュールを確保するようにします。

ルール 4

データはすべて電子化する

フリーアドレス制で専有デスクはなく、キャビネットがあるのみ。収納スペースも限られているので、データ、資料は電子化して保管しています。

ルール 

スクリーンショットを活用して“見える化”

確認事項がわかりやすいよう、スクリーンショットを活用して、メールやワード文書内に貼り付け。理解しやすいので、返答が早くなる気がします。

ルール 9

名刺の余白に鉛筆でメモを

いただいた名刺に、日付と、どういう場面で会ったかを必ず記入してから、無印良品のA4ファイルに入れて管理しています。

ルール 

チームメンバーと積極的にコミュニケーションをとる

別オフィス勤務の人とチームになることもあり、1回も会わずに案件が終了することも。メール、Skype、電話などで意識して情報共有。会えるときは積極的にランチに誘い、コミュニケーション。

ルール 

Windowsのふせん機能を利用

PCに搭載されているふせんをデスクトップに表示し、TO DOや、ちょっとしたメモを書き入れ、忘れないように管理しています。

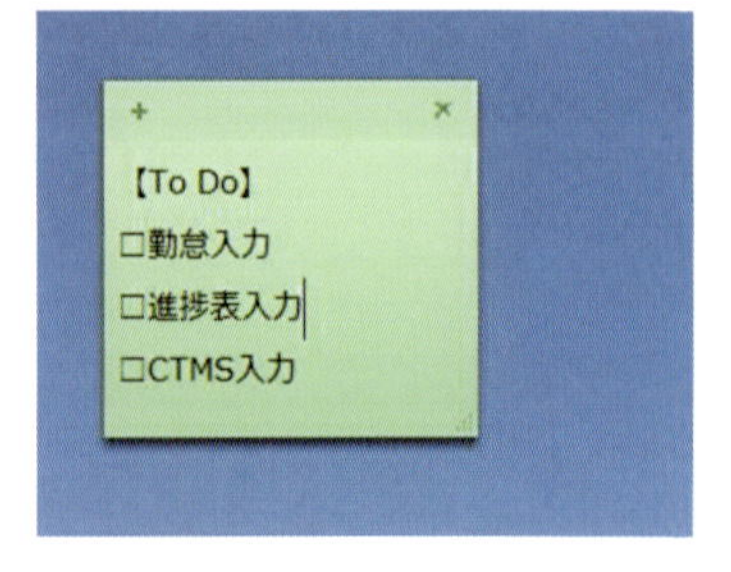

ルール 7

メールのタイトルをわかりやすく

メールの件名欄の文頭にお願いしたい内容を、【確認依頼】【要ご対応】などと一目でわかるよう書き入れるようにしています。同様に「○月△日□時まで希望」など、〆切日も件名内に。

ルール 10

大きな仕事は小さな仕事に細分化

できるかどうか不安になるような、大きな仕事は、やるべき項目を細分化してリストアップ。ひとつひとつクリアにしていくことで前進させます。

ルール 11

すぐできることは即実行

すぐできる確認や返信は、その場で。自分も相手も忘れないうちに完了できるので、「なんの案件だった？」と考える無駄な時間を省けます。

ルール 12

働くママ同士の朝活でパワーをもらう

「働くママの朝活会」を主催し、それぞれの働き方の工夫などをシェア。同じように働きながら子育てしている仲間と話しているとパワーがもらえ、もっとがんばろうという刺激になります。

ルール 13

しっかり遊んで、しっかり働く

子どもと過ごせる期間は意外と短いので、休日はおでかけしたり、趣味の音楽をいっしょに楽しんだり。毎年の家族旅行も大切にしています。

ルール 14

夫婦間で得意、不得意を補い合う

夫は子どもと遊ぶのが得意、私は家事が得意。無理に家事を分担してぎくしゃくするくらいなら、得意分野を担当というふうに割り切りました。授業参観、ピアノの練習などには夫が積極的に参加。

ルール 15

家族の健康のため調味料だけはいいものを

忙しくて日々凝った料理ができない分、子どもといっしょにみそを仕込んだり、仲間家族とソーセージ作りイベントを開催したりして、思い出に。

せめて調味料だけでもいいものをと、みそとしょうゆを手作りするように。子どもたちも楽しそうに参加してくれます。

F.Tさん

DATA

勤務先…航空会社(予約、発券業務)

勤続年数…13年

家族構成…夫、長女(5歳)、次女(2歳)

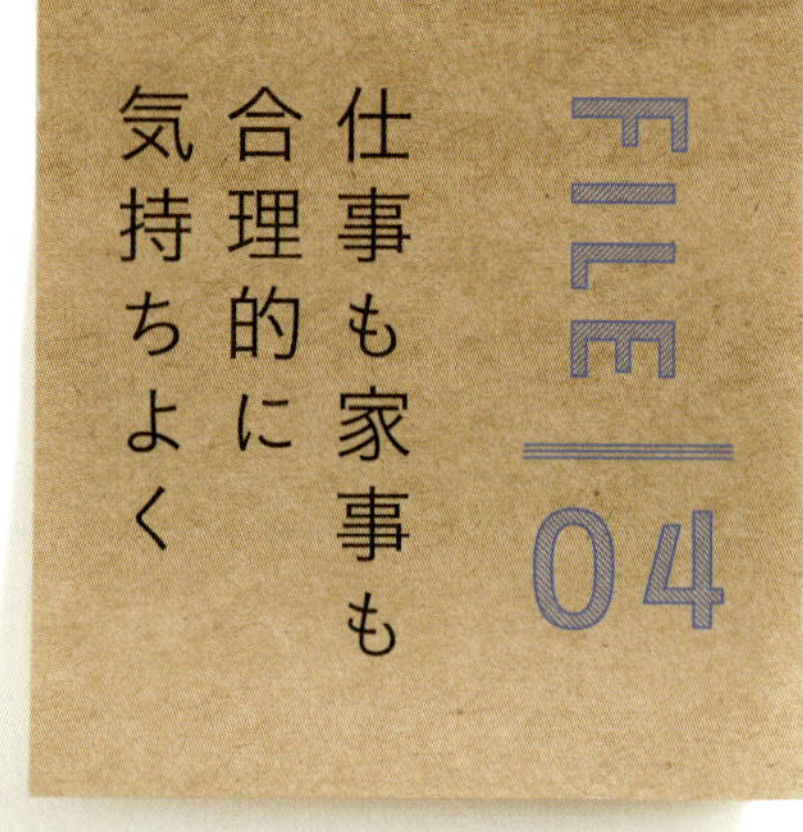

FILE 04 仕事も家事も合理的に気持ちよく

F.Tさんの1日のスケジュール

5:00	起床
5:05	食洗機内片づけ、洗濯乾燥機から出した洗濯物をたたむ
5:45	身支度、夕食下準備
6:30	朝食
7:30	家を出発
7:50	保育園へ子どもたちを送る
8:40	出社　PC立ち上げ
8:50	ブリーフィング
9:00	メールチェック、カレンダーで予定を確認
14:50	残務処理
15:30〜16:00	退社
16:30〜17:00	保育園へお迎え
17:00〜17:20	帰宅
17:30	子どもといっしょにお風呂
18:20	夕食準備(仕上げのみ)
18:40	夕食
20:15	リビングの電気を消してお休みモードに
20:40	おもちゃ片づけ、子ども就寝
21:30	家事、通勤バッグ整理、メール返信
22:00	就寝

愛用の通勤バッグ

どちらも2wayにできるのがポイントで、自転車送迎のときは、斜めがけにして両手をあけます。

F.Tさんのお仕事ルール  1

卓上カレンダーで仕事のスケジュール管理

手帳ではなく、卓上カレンダーでスケジュールを管理しています。デスクのいちばん目に入る場所に置き、予定が入り次第、記入。仕事だけでなく、平日の子ども関連の予定も記入し、その日はできるだけ仕事が押さないように段取りしています。休日などのプライベートな予定は自宅にあるカレンダーに記入し、完全に分けています。

ルール 2

使いやすい文房具を選ぶ

書き味のいいJETSTREAMのペンや、針なしで留められるハリナックスのホチキス、貼っても下の文字が見えるふせんなど、自分なりのお気に入りを見つけておくと、気持ちよく仕事ができます。

ルール 

同僚と積極的に接点を持つ

ランチタイムを省いた時短勤務にしているのと電話対応の多い部署なので、同僚と話す機会が持ちにくい状態。社内のチャット機能を活用して、班員などとグループチャットで引き継ぎや伝達をしたり、一言でも言葉をかけたりすることを意識。

ルール 4

挨拶はしっかりと

時短勤務で同僚と話をする機会が少ないので、出勤、退勤のときの挨拶だけでも、しっかりかわせるように心がけています。

ルール 5

できる限り印刷はしない

業務内容はシステムの中で確認するようにし、できるだけ紙に印刷しないようにしています。最低限必要な紙の書類はクリアファイルで整理。

ルール 

メールは業務別に管理する

受信トレイ内にいくつかのフォルダをつくり、業務ごとに管理するようにしています。メールが到着しだい、それぞれのフォルダに振り分けておくだけで、後の確認がラクになります。

F.Tさんのデスク周り

奥にはお茶などのリフレッシュグッズを収納

書類は、取り出しやすい利き手側に立てて収納

マッサージジェル、クリーム、電動歯ブラシなど、気持ちよく仕事ができるよう置いている必需品

ゆとりがあると、モノを出し入れしやすい引き出しに

引き出し下段には寒いとき用のブランケットを

キッチンから一直線で行ける和室にダイニングテーブルを設置し、動線を短かく

ルール 7

キッチンへの動線を短く

キッチンにいちばん近い部屋は和室ですが、できるだけ料理の上げ下げの動線を短くしたかったので、マットを敷いてダイニングスペースに。

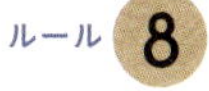

ルール 8

食材は宅配で

平日5日分の食材は、新鮮な国産野菜と生鮮品を毎日宅配してくれるヨシケイで手配。「夕食、どうしよう？」という悩みから解放されました。重たい食材は、生協の宅配頼みです。

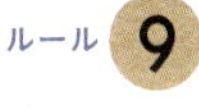

ルール 9

家電に頼る

出勤前に掃除ロボットを稼働。帰宅時には床が気持ちいいくらいきれいに。乾燥機を使って、洗濯物を干す手間も削減。洗面所に収納場所をつくっているので、洗濯物を移動させる必要もなし。

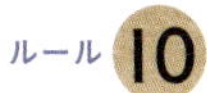

ルール 10

家族に頼る

子どもの仕上げ歯磨きは夫に、次女に靴下＆靴を履かせるのは長女におまかせ。長女は5歳ですが、保育園の準備、洗濯の仕分けは自分で。まかせてみればできるので、今後も増やしていく予定。

FILE 05

通勤時間活用と前倒し意識でバランスを保つ

M.Kさん

DATA

勤務先…金融（内部監査）
勤続年数…10年
家族構成…夫、長男（7歳）、長女（5歳）

M.Kさんの1日のスケジュール

6:00	起床
8:45	出社
17:00	退社
22:00	就寝

愛用の通勤バッグ
オンでもオフでも使えるデザインで、内側に小さなポケットがある、自立するなど機能面も優秀。

M.Kさんのお仕事ルール 

office365のスケジュール機能を活用

Office365のスケジュール機能に仕事、プライベート両方の予定を入力。重要、ルーティン、プライベートなど項目ごとに色分けして使用。やるべきTO DOも、ここに入れ、すべてを一元管理します。

ルール 2

小さめのボールペンをつねに手の届くところに

手帳などに付けておくタイプの小さめのボールペンをデスク、バッグなどに入れてさっと取り出せるように。社内打ち合わせ時にはポケットに入れて移動。

ルール 3

急に休むことを想定して働く

子どもがいると突然の休みは不可避なので、「明日急に休んでも仕事が回る」ことを意識して、前倒しで業務を進めています。ほかの人にも進行状況がわかるよう、仕事は共有フォルダ内に保存。

ルール 4

通勤電車でスマホを活用

スマホを使って通勤時間をフル活用。日経新聞の電子版をチェックしたり、子どもの保育園の連絡帳に記入して送付（kidslyというサービス）したり。仕事のアイデアや買い出しメモを書いたり。

ルール 5

家事でストレスをためない

掃除機ロボット、食洗機、大掃除の外部発注など、頼れるものには頼っています。全部を自分でやろうとしてストレスをためるよりは、子どもと笑顔で接する時間を長くとれることを優先。

朝作るのは卵焼きだけ。前日のおかずと冷蔵庫にあるゆでブロッコリーとプチトマトを詰めて完成。

ルール 6

仕事と家庭でうまくバランスを取る

仕事は大変、だけど楽しい。子育ても大変、だけど楽しい。会社に着けば子育てのイライラを忘れるくらい忙しく、家に戻れば仕事の悩みを忘れるくらいバタバタ。仕事と家庭でうまくバランスを取っている気がします。また、地域の働くママとつながる活動もしていて、仕事と家庭以外の居場所があることも、前向きでいられる理由です。

毎朝、気分に合わせて選ぶルピシアの紅茶はリラックスグッズ。「今日もがんばろう！」と思えます。

H.T さん

DATA

勤務先…メーカー（広報）
勤続年数…13年
家族構成…夫、長男（3歳）、長女（1歳）

H.Tさんの1日のスケジュール

5:40	起床
8:30	出社
17:00	退社
23:00	就寝

H.Tさんのお仕事ルール 

スケジュール帳は鉛筆で書く

ふかんしながら予定を把握したいので、マンスリータイプのアナログ手帳を使用。前社長の影響で、記入には鉛筆を使用し、予定の変更をしやすくしています。プライベートの予定もここに。

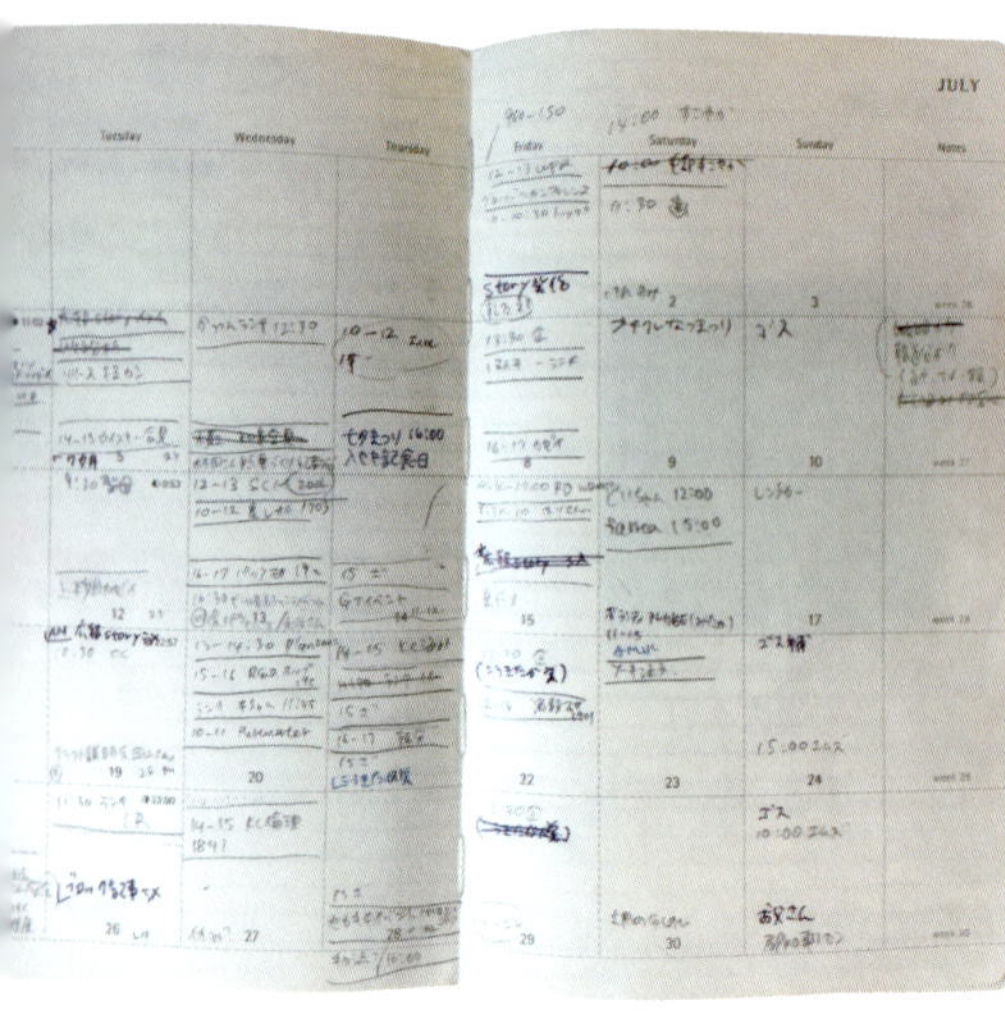

愛用の通勤バッグ

軽くて雨の日も持て、ノートPCも入れられるので、ロンシャンのトートバッグを愛用。

ルール 2

ポチ袋を常備

銀行に行く時間がなく、財布が空っぽということがごくたまにあります。同僚に借りたお金を返すときには、マナーとしてポチ袋に入れるので、引き出しに常備。

ルール 3
靴はデスク下で履き替える

子どもの送迎時はぺたんこ靴なので、会社のデスク下にヒールをしのばせ、履き替えています。これで仕事モードになります。

ルール 4
同僚と話す会を開催

広報という仕事柄、同僚と週に1回、気になる記事を持ち寄って感想を話す会を開催。飲み会などにはあまり参加できないので、このときにいろいろな雑談もしてコミュニケーションをとります。

ルール 5
TO DOリストは机に直接貼る

TO DOの管理は、手帳ではなく、ふせんで。終わったらラインを引いて貼り替え。やるべきことがひとめでわかり、1枚終わって捨てることで達成感も味わえます。

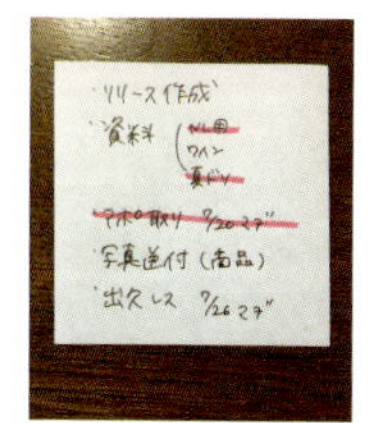

ルール 6
重めの仕事から先に進める

軽く終わる仕事から手をつけたくなりますが、重いほうから終わらせたほうが効率がいいということに育休明けに気づき、重要度の高いほうから着手するように。

ルール 7
家事は夫婦分業制

私は通勤が30分、夫は2時間なので、平日はごみ出しと浴室掃除だけ夫の担当。休日はそれぞれすべきことを決めて分業制にし、料理や皿洗いなどを夫が担当。

ルール 8
家族のスケジュールは“TimeTree”で管理

以前は紙のカレンダーに家族の予定を書き込んでいたのですが、外出先で確認ができないので、スマホのアプリに移行。家族全員分の予定が一覧で確認できて、ラクになりました。

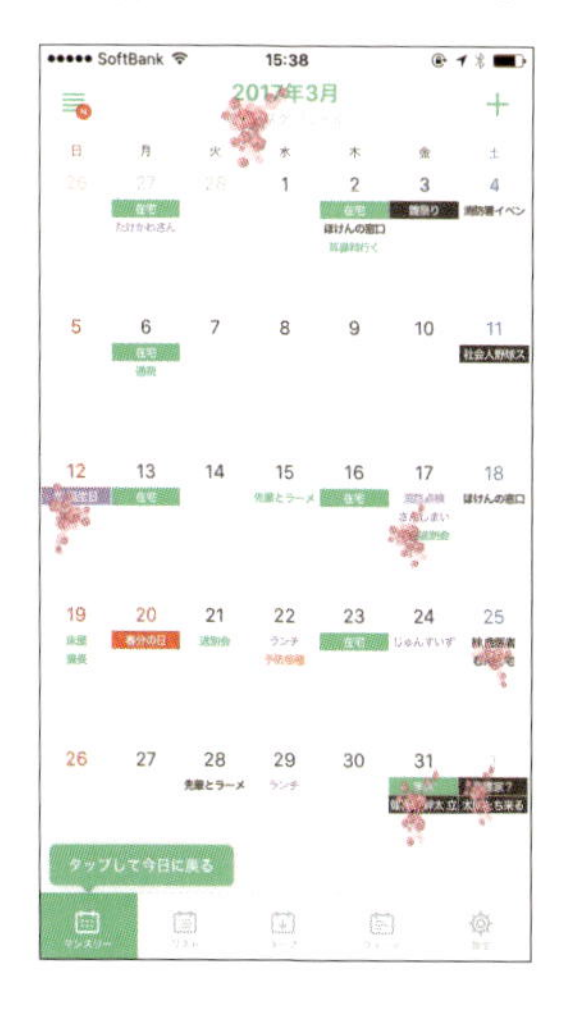

A.Y さん

DATA

職業…採用コンサルティング(事務)
勤続年数…7ヵ月
家族構成…夫、長男(9歳)、次男(4歳)

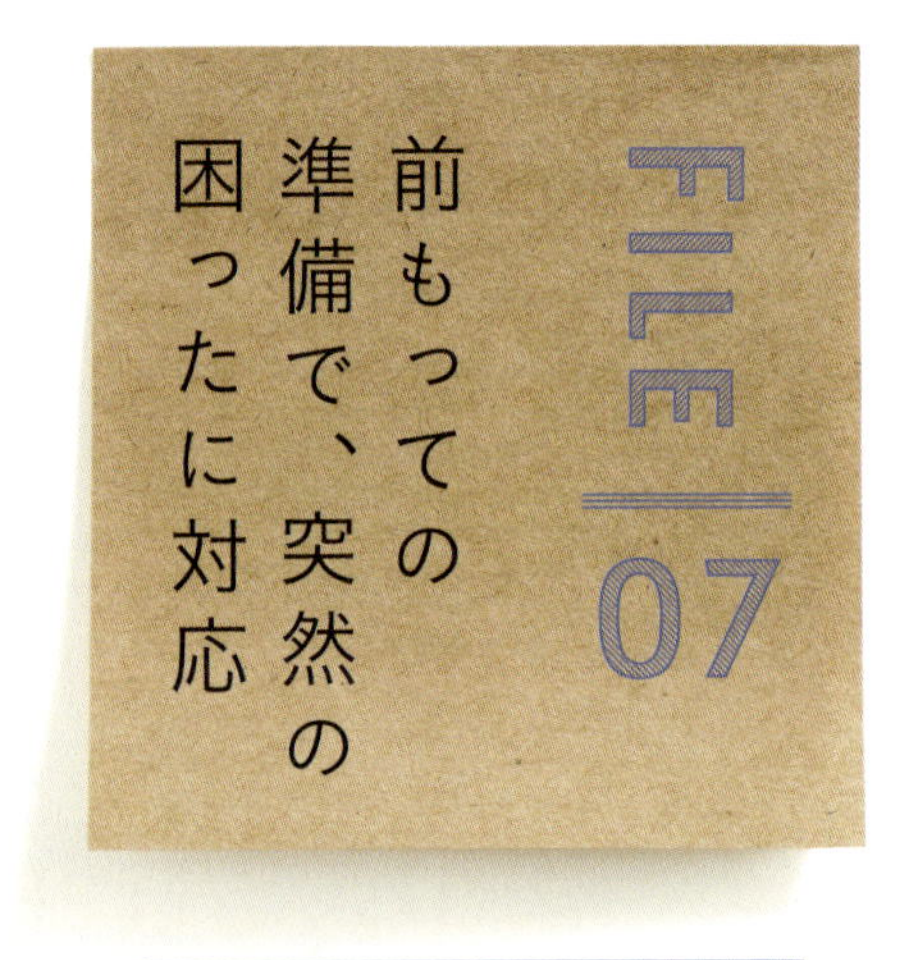

FILE 07 前もっての準備で、突然の困ったに対応

A.Yさんの1日のスケジュール

7:30	起床
10:00	出社
16:00	退社
00:00	就寝

愛用の通勤バッグ
服装が自由な会社なので、たくさん荷物が入って両手があいて動きやすい、リュックを愛用。

A.Yさんのお仕事ルール 

仕事の〝マイノート〟をつける

日付を記入後に、会議メモやTO DOをどんどん書き入れていく方式。ノートを分けず、時系列に記入していくので、この1冊さえ見返せば、あちこちの資料を漁る必要がなく、便利です。

ルール 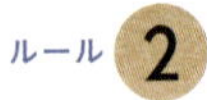

子どもの保険証を持って出る

毎日使う幼稚園の入館証はもちろん、小学校の入館証もいつも所持。保険証と診察券の入ったポーチも持っていると、帰宅せず病院に行けます。

ルール 5

スーパーに行けなくても夕食ができる準備

スーパーに行けなくても、夕食が作れるように食材を常備。ちらし寿司の素、きゅうり、卵は切らさないようにしているので、コンビニでかにかまさえ買えば、ちらし寿司が完成。

ルール 6

眠る前に香りで子どもとリラックス

香りでリラックスするとよく眠れるので、寝室でアロマを焚いたり、ルームフレグランスをスプレーしたり。子どもも楽しみにしてくれています。

ルール 3

忙しくても笑顔で話す

切羽詰まっている状態でも、同僚や上司と話すときは少しテンションを上げて笑顔で。気持ちいいコミュニケーションのためでありつつ、自分の気持ちの切り替えにも役立つと感じます。

ルール 4

スケジュールはすべてGoogleカレンダーで管理する

業務の予定はGoogleカレンダーでほかのスタッフと共有。学校などの行事で遅れるとき、休みの予定なども入力してあるので、報告もれがなくなり、スマホで自宅などからも確認でき、重宝。

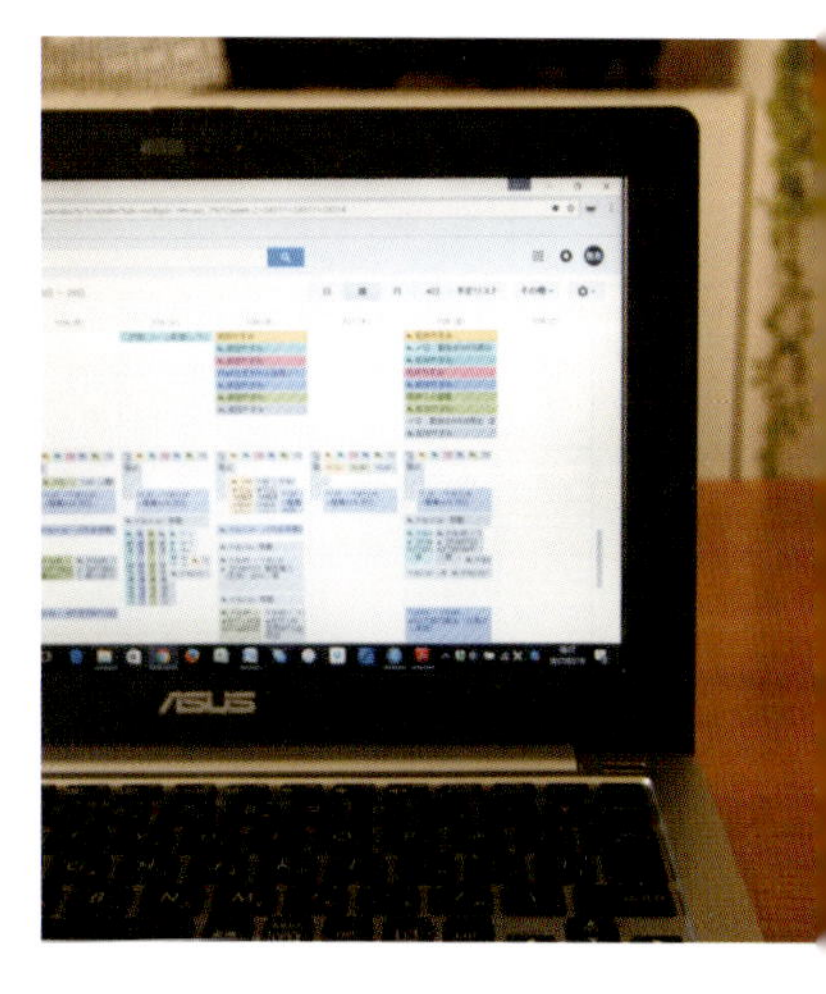

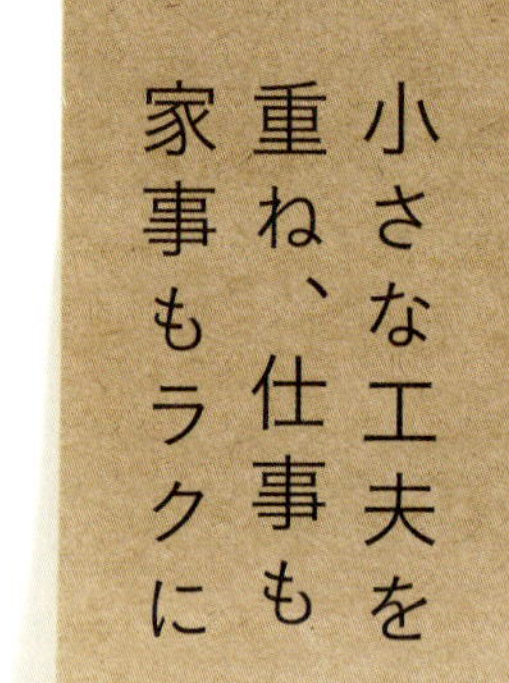

小さな工夫を重ね、仕事も家事もラクに

N.Hさん

DATA

職業…システムエンジニア（ソフトウェア開発）

勤続年数…13年

家族構成…夫、長男（7歳）、長女（4歳）

N.Hさんの1日のスケジュール

6:30	起床
9:00	出社
16:00	退社
23:00	就寝

愛用の通勤バッグ

肩かけ、腕かけ、手持ちがしやすい持ち手の長さがお気に入り。スーツにもカジュアルにも対応する点も○。

N.Hさんのお仕事ルール 

通勤バッグは変えない

定期入れや社員証など、忘れ物の原因になるので、通勤バッグはひとつに決め、日々変えません。基本的にくたくたになるまで愛用してから、次へ。

ルール 2

ノートは“Rollbahn”と決めている

入社以来、ずっと同じノート。方眼なので図や文字などが自由に書けるところが気に入っています。ページの切り取りが可能で、最終ページにはクリアポケットが付いているため、ノートが変わっても大事なメモは引き継いでいけます。

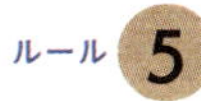

ルール 5 仕事中はつねにスマホを首から下げる

小学校、保育園、子どもから、いつ電話がかかってくるかわからないので、仕事中も、駅と保育園の間の自転車移動中も、ネックストラップを使って必ずスマホを首から下げています。

ルール 6 1週間の献立表をつくる

週末に1週間分の買い出しに行き、献立を作成。あとはその通りにつくっていくだけなので、毎食考えずにすみます。夫が買い物に行ったときは夫が献立（写真左）を考えてくれるので、感謝！

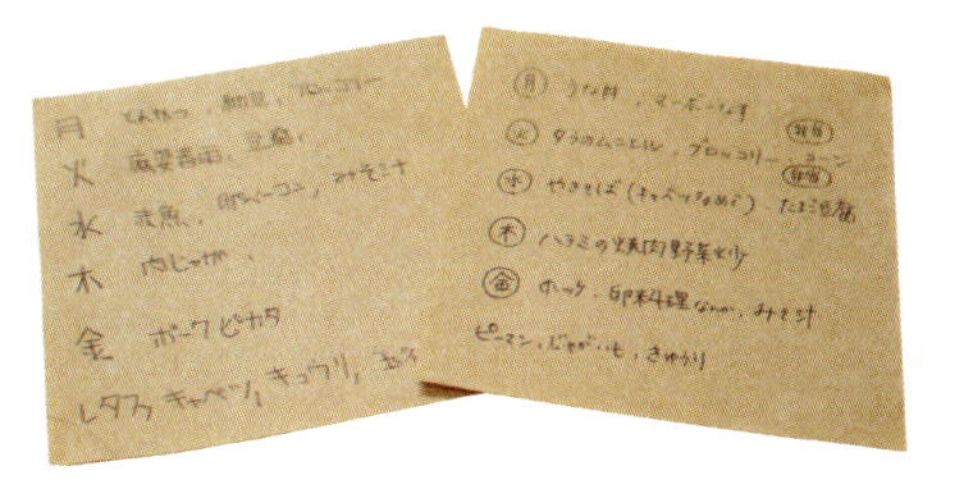

ルール 3 年に数回はお酒の席にも出席する

同僚とのコミュニケーションのためにも、案件の打ち上げや忘年会など、大切だと感じる席には参加するようにしています。

ルール 4 卓上カレンダーに毎日×印をつける

スケジュール帳とは別にデスクに卓上カレンダーを置き、帰宅前にその日に「×」印を付けることを習慣化。翌日、「今日は何日だっけ？」と考えなくても、日付が目に飛び込んできます。

Emiさんに聞きたい！

Q&A

P126〜P151でお仕事について取材させていただいたみなさまに仕事上のお悩みをお聞きし、「これをEmiさんに聞きたい！」と言っていただいたご質問にお答えしました。

Q1 仕事モードから、育児・家事モードへとどのように気持ちを切り替えていますか？

A 正直なところ、仕事が好きな私は24時間ずっと頭の中では仕事のことを考えがちです。でも子どもとの時間も大切にしたいのも本当の気持ちなので、夜はパソコンを開かないというルールを、フリーランスになって2年目くらいに決めました。また、時間の切り替えは、夫との毎日のビールでの乾杯！です。ここからはスイッチオフ〜というわかりやすいきっかけになっているかなと感じます。

Q2 目に見えるようにしておかないとやらなくてはならないことを忘れてしまうので、いつも机の上に提出する書類や作成中の資料、読みかけの本などを置いてしまいます。どんどん上に重なってくるのですが、ついついそのままにしてしまう日々です。しまい込むと忘れる人はどのようにしたらいいでしょうか？

A しまい込むと忘れるから見えるようにしたい！とご自身で気づかれているのはとてもよいことだと思います。ただ、"積み重ねていく"と、どうしても下のものを取り出すのが難しくおっくうになってしまい、結局やらないことになってしまいがち。私なら、やはりファイルボックスに"立てて収納"していくことで、さっと取り出せる環境をつくります。また、"新しいものは右から入れていく"などルールを決めていくと、探す時間を短縮できますね。

Q3 社員が長く働き続けられるような環境をつくるために、何か心がけていることはありますか？

A 「明日もまた会社に来たいな」と思えるために、いちばん大切なのは人間関係だと思っています。風通しのよい環境をつくれるように、お昼はみんなでいっしょに食べる、年に2回はスタッフの家族も職場に呼んで忘年会なども開催。家のなかでも会社のことが話題になるといいな、と思っています。また、働く場所の環境（香りやグリーンなども）を気持ちのいい状態にすることも、風通しのいい人間関係につながっていると思います。

Q4 会社員の身だしなみ術を教えてください。

A 会社員時代はわりと自由な服装の会社でしたが、社内プレゼンの日は周りの方がそうでなかったとしても自分は必ずジャケットを着用してプレゼンに臨むようにしていました。自分のなかでの切り替えと、聞いていただく方への気持ちをこめてそんな風に心がけていました。ここぞ！というときの勝負服をきめておくのもいいかもしれませんね。

Q5 お子さんとご自身の体調管理で気をつけていることはありますか？

A 20代の頃、産後職場復帰してから月一度は高熱を出すような体調の悪さで、仕事を休むことになったりして「これは見直さなくては……」と思い生活を見直しました。フリーランスになってからは特に、子どもといっしょに21時から22時には就寝するようにしています。睡眠をしっかりとること、夜は仕事をしないこと、に気をつけています。子どもにも同じく睡眠を大事にして、運動をさせるようにしています。働いていると毎日公園に連れて行くことはできませんが、金曜日の夕方だけは必ずいっしょに公園へ行くように心がけています。

Q6 時短メイク、時短ヘアのポイントがあれば知りたいです。

A 子どもが小さいとメイクとヘアにかける時間は、できるだけ短くしたい！ でも、きちんと見えるようにしたい！といろいろ工夫を考えています。メイクポーチの中は、1軍だけに絞って選ぶ時間をかけない。アイシャドウのパレットもブラウン系のひとつしか持っていません。ヘアは動きやすいようにまとめておくことが多いです。ひとつにくくるしか余裕のない朝も、トップをちょっと引き出したりサイドの髪をちょっと出したり、きちっと！よりちょっと崩すことで雰囲気をつくるようにしています。

Q7 自分磨きでされていることはありますか？

A 習い事に行く時間の余裕も、気持ちの余裕も今はないのですが、家の中でYouTubeを見ながらヨガを10分ほどしたりすることでリフレッシュしています。また仕事中も目にする爪先はいつもきれいでいたいなと、セルフネイルを始めました。子どもが小さい今は、外に出かけて何か自分磨きをすることより、家の中で自分でできることを探しています。

FILE 09 OURHOMEの働き方

多様な働き方を自分たちでつくる

私、EmiがひとりではじめたOURHOMEも、気がつけばスタッフが8人。目指しているのは、「明日も会社に行きたくなる、仕事がしたくなる」ような会社です。そうなれるよう、仕組みをつくり、柔軟な働き方ができる工夫をしてきました。

1日数時間勤務や週数回だけの勤務、赤ちゃん連れの勤務を取り入れたのも、その一環。長くいっしょに働いてほしいから、無理だと決めつけず、それぞれの暮らしや、考え方に合う働き方を自分たち自身でつくり上げていきたいと思っています。

OURHOMEとは
「みつかる。私たち家族の"ちょうどいい"暮らし」をコンセプトに、暮らしのアイデアとオリジナル商品をお届けしています。

いまは赤ちゃんも出勤中

オリジナル商品の企画などを中心に担当する山崎は産休明けスタッフ。保育園に入れるまでは、赤ちゃんを連れて、週1〜2回、午前中の勤務です。

個人のデスクは決めず、“フリーアドレス”制

ノートパソコンとファイルケースをひとつだけ持てば、どこでも仕事ができる状態。フリーアドレス制にすると、空間がフレキシブルに使え、モノを移動しやすい量にキープしようという気持ちが働くので、こまめに整理するようになります。

だれもが使いやすく心地よく感じる職場に

OURHOMEのオフィスは、教室としても使う大きな部屋とバックオフィス、給湯スペースという構成になっています。大きな部屋はいろいろな使い方をするので、デスクは固定化せず、折りたためるテーブルとスタッキングできる椅子を使って、そのつど、使いやすいように移動、組み替えしながら使っています。

　バックオフィスも含めて個人のデスクはないフリーアドレス制。固定化するとモノが滞りがちなので、そうしないためのアイデアです。

　植物、香り、音楽で心地よく感じる工夫もしています。

グリーンをたっぷり

あるだけで気持ちが和む植物。オフィスの無機的な雰囲気がやわらぎます。生き物ということもあり、成長を感じられ、コミュニケーションのきっかけにも。植物好きの代表(夫)が、水やりをしています。

すっきりする香りでリフレッシュ

長時間いる場所なので、香りも大切。レモングラスのアロマオイルを焚いてリフレッシュしています。気化式タイプの機器を選んで水替えの手間をカット。

心地いい音楽がちょうどいい

音楽がないとちょっとした音が気になってそわそわしてしまうので、カフェでかかっているような音楽をかけています。仕事の邪魔にならない、インストゥルメンタル系の歌詞のないものが中心。

OURHOMEの整理収納ルール

フレキシブルに空間を使うために
組み替えのできるスチール棚、
引き出しケース、ファイルボックスで、
移動&配置替えがしやすい仕組みに。
ラベルを貼ればだれでもわかる状態。

◀共有スペースにほとんどのモノをしまう

バックオフィスの収納の基本にしているのは、自由に組み替えのできるスチール棚。個人のファイルボックス(ひとり1ボックス)、伝票、文房具、名刺、各種用紙などをこの1つの棚に集約させています。出社したらまず上段から個人の箱を取り出して仕事をスタート。

文房具もみんなで共有

共有の棚にA4ファイルボックスと形が揃うミニ引き出しを置き、文房具を。わざわざ引き出さずともポイと戻せる形に。

資料の雑誌を戻しやすくするマスキングテープ

過去の掲載誌は、よく資料として使うので、元の位置に戻るよう、雑誌の背表紙と箱に同色のマスキングテープを貼りました。色を合わせるだけで誰でも元に戻せます。

給湯スペースは誰にでもわかる収納

お茶・コーヒー、カップ、ビニール袋、おやつなど、1ジャンル1ボックスはここでも採用。ラベルを貼ってあるので、入社初日からモノが使える状態です。

佐藤
大地
矢原
上垣内
西口
藤井
山崎
友廣
Lesson
過去6ヵ月保管
売上
名刺
支出
クリアファイル
A4白用紙
A4うらがみ
デジタル
インク・L版
光沢紙
シール用紙
封筒
クリップ
カッター
黒ペン
ホッチキス
ボンド・のり
フリクション
はんこ
メモ
鉛筆・消しゴム
切手
ふせん 大
油性ペン
電池
ふせん 小
カラーペン
指サック
修正ペン
新しいノート
テプラ
L判印刷
セロテープ
マスキングテープ
ガムテープ

OURHOMEの働き方の工夫

スタッフ全員が働くママであり、出社時間や日数がまちまち。だから、コミュニケーションを大事にし、短い時間でも効率よく、働きやすくなるよう工夫。

朝礼で"今日やること"を宣言する

朝礼では、全員が今日やることをほかの人に伝えます。互いの業務が見え、手があいた人が多忙な人を手伝えたり、自分の今日の仕事を明確にすることにつながったりと、メリットがたくさん(P64参照)。

掃除はみんなでする

みんなが働く場所だから、みんなで掃除。毎朝10分間ほどと決め、時間になったらルーティン的に開始します。コミュニケーションのきっかけにも。

15分の“お楽しみ会”

毎日昼休憩後は、商品のアイデアを出し合うなど、全員でひとつのことを共有する時間。写真はスタッフが自分のプロフィールをスライドショーで説明しているところ。仲間の知らない面を知ることは仕事にも生きます。

Mon	片づけタイム
Tue	お客様アンケートの共有
Wed	ものづくりの意見交換
Thu	効率UPの情報共有
Fri	メルマガコラムのアイデア出し

残業はせず、時間までに仕事を終わらせる

私は17:00まで、ほかのスタッフはそれぞれに決めている退社時間に終われるよう、スケジュールを前倒しにしています。残業なしで、明日にできることは明日に回す方針。

“お仕事メニュー”でスタッフの仕事を管理

いつまでに、だれが、なにをするのか、ひと月分の仕事内容を割り振ったマンスリースケジュールをみんなが見られる場所に。これを確認すれば、伝達事項が一目瞭然で、スムーズに仕事ができます。

ネーミングを大切にしています

新年に行う年間企画会議。私たちの場合は、〝OURHOME、これからがんばるぞの会／20××年〟というネーミングにしています。堅苦しい〝年間企画会議〟より、ちょっとだけワクワクするというのが理由です。ちなみに仕事の割り振り表は〝お仕事メニュー〟、懇親会は〝お楽しみ会〟です。

ささいなことですが、ネーミングひとつで、なんだか、楽しそうに感じます。「やらされている」、「面倒だな」と思うとつまらなくなってしまうので、ネーミングでも意識を前向きに変えていきます。

誕生日には お花を贈る

スタッフの誕生日には、OURHOMEから、お花を贈ることにしています。単純にうれしいものですし、自宅で飾るときに自然に会社のことを話題にすることになり、家族と会社との関係も近くなればうれしいなと考えています。

大忘年会を開催！

年末には、スタッフだけでなく、それぞれの家族も呼んでオフィスで忘年会を開催しています。顔を合わせることで妻、母の仕事仲間に親近感がわき、仕事への理解にもつながります。

家族ともつながるコミュニケーション

働くことと暮らすことはつながっていると考えています。だから家族にスタッフの仕事や仕事環境を知ってもらっているほうがいい。妻が、母が、どんな人とどう仕事をしているのかを知ってもらうと、家族の仕事への理解も深まり、思いやりが生まれるなど、働きやすくなると思っています。

反対にスタッフの家族のこと、例えば子どもがサッカーに夢中、夫が長期出張で不在などを互いに知ることも、仕事をしていくうえでプラス。なにかあったときに、気持ちよく休みのフォローができるなど、関係が円滑になります。

OURHOMEのスタッフの働き方

仕事にどれくらいの時間を割きたいか、どう仕事をしていきたいのかは、人によってスタンスが違うので、スタッフの働き方はいろいろです。

スタッフ 友廣

DATA
勤務時間…9:30〜16:00
勤務日数…週5日
家族構成…夫、長男(5歳)

配信するメールマガジンの作成、インスタグラム、広報、月に数回オープンするショップの運営を担当。

仕事配分に気をつけ週5日勤務

アパレルで6年勤務したのち、出産で退社。子どもが2歳のころに仕事復帰し、洋菓子店などを経て、OURHOMEへ。

「募集をみてやりたいことを仕事にしたいと思いきって応募しました。息子は幼稚園が楽しいタイプ、私も働くことが好きなので、お互いにプラスと思って週5日間働くことを選択しています」

気をつけているのは仕事配分。週初めに今週やること、朝一に今日やることを時間ごとに割り振ってからスタート。残業や持ち帰り仕事をしないための前倒しを意識しています。

スタッフ 矢原

DATA

勤務時間…9:30〜14:00

勤務日数…週3、4日

家族構成…夫、長女(6歳)、次女(4歳)

お客様と直接つながっていたいから、検品、梱包、発送もていねいに自分たちの手で。

バランス重視派は短時間の勤務も可能に

銀行勤務を経て出産で退社後、OURHOMEのイベントを手伝うようになり、現在は週に3、4回半日勤務中。受注確認、検品、梱包などオンラインショップに関わる仕事を担当しています。「子どもとの時間を取りながら、いいバランスで働きたい私には、勤務体系が選べる職場はありがたいです」

短時間勤務なので、大切にしているのは仲間への確実な伝達など、コミュニケーション。「申し送り事項などは、口頭で伝えるだけでなく、後で検索しやすいよう社内メールで送るようにしています」

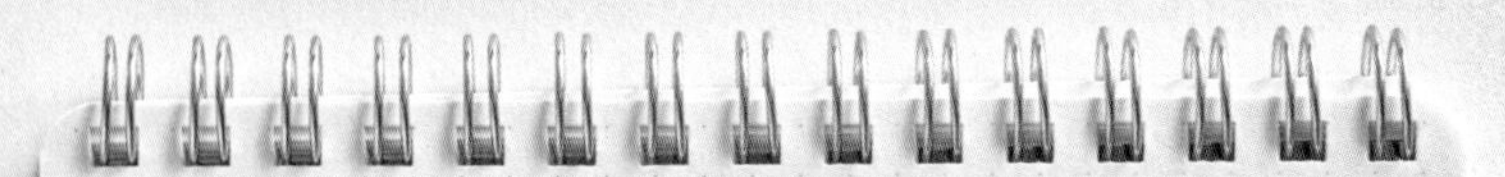

COLUMN

できない理由を探すのではなく、どうやったらできるかを考える。

「できない理由を探すのではなく、どうやったらできるかを考えなさい」

新卒で入社した会社の研修で、上司に教えてもらった言葉です。

なるほど〜と思いながらも、まだちゃんとした仕事もまかされておらず、仕事がどんなものか手探りだった1年目の春。実感はまだなかったけれど、大切な言葉のような気がして、ノートにメモしていました。

それから14年の月日がたった今では、私にとってなくてはならない言葉になりました。仕事でも家庭でもどこでも、実はこの言葉ひとつで切り替えができる気がするのです。

「あなたがやってくれないから」「コストが合わないから」「家が狭いから」「収納が少ないから」……と、できない理由を探すのではなく、どうやったらできるかを考える。考えても仕方のないことに時間を使うのではなく、どうやったら解決できるのかを考える。仕事でも家庭でも、困難にぶつかることなんてしょっちゅうです。予定していた納期に間に合わない、子どもの学級閉鎖で急な休み！　などなど想定外のこともたくさん。若い頃はひとつの失敗や困難でくよくよ悩んでいた時期もあったけれど、今は、一瞬だけ落ち込んで、そのあとは切り替えができるようになってきました。「できない理由を探すのではなく、どうやったらできるかを考えなさい」。この言葉のおかげかもしれません。

CHAPTER 4

仕事が
ラクになる
コミュニケーション
&
気持ちの片づけ

「今日じゃなかったんだ」と考える

＊＊＊

「Ｅｍｉさんは、いつも前向きですね」と、お取り引き先やレッスンの受講者に声をかけていただくことがあります。でも、元々の私は落ち込みやすい性格で、ネガティブにものごとを引きずるタイプでした。それが、仕事をはじめ、結婚をし、双子が生まれ、自分自身だけのために使える時間が少なくなっていくうちに、**「落ち込んでいる時間がもったいないな」**と考えるようになりました。

仕事をしていれば、うまくいかないことや理不尽なことも起きます。時間をかけて契約する寸前まで決まっていたことが破棄ということになったり、誠意を持ってお仕事していた相手から信頼関係が揺らぐことをされたり。もちろん、そんなことが起これば、今でも落ち込みます。相手を責めたくもなります。でも、1日だけ。それ以上は、ずるずる引きずらないことにしています。そうできるようになったのは、**「今日じゃなかったんだ」「この相手じゃなかったんだ」と気持ちを切り替える**考え方のおかげです。

ギリギリで破棄になった契約も、その後、よりよい出会いがあり、契約に至りました。最初の契約より、結果的に仕事の幅が広がり、今ははっきりと「契約すべきは、あの日ではなかった」と思えます。信頼関係が揺らいだ仕事相手とのことも、その後、別のご縁に恵まれ、よりよい方向へと走り始めていると感じます。これも、今なら「この方々とごいっしょするためだったんだ」と前向きな気持ちになれます。

嫌なことがあった後には、いいことが起こる。仕事でも人生でも、その繰り返し。それがわかってきて、**ずっと嫌なことばかりじゃない**から、落ち込む時間があるくらいなら先を見ようと思えるようになりました。人を恨んでも先に進めません。代わりに「きっと、誰かが止めてくれているんだ」や、「違う選択のほうがいいと、誰かが教えてくれているんだ」と捉えて受け入れることにしました。

嫌なことがあったら、次のステップに行くべきタイミング。捉え方をちょっと変えることで、落ち込みを引きずらない力が少しずつ、ついてきました。

人間関係がうまくいかないときは、先に自分が変わってみる

仕事の悩みは内容もそうですが人間関係も大きいと言われていますよね。

人と人が集まれば、大きなことから小さなことまで、なんらかのもめごとや、摩擦はあります。仕事をしていればいろんな人に会い、驚くような対応にあったり、気持ちよく仕事ができない人と仕事を続けなければならないこともあります。

そんなときは誰でも心が疲れて、「ここを直してほしい」、「変わってほしい」と思うもの。でも、誰かの性格や行動を変えるのはとても労力のいること。時間もかかります。それでは自分がしんどい思いをしてしまう。だから、**人間関係がうまくいかないときは自分が変わってみることが大前提**だと思っています。

私は3年前から、いっしょに会社を立ち上げた夫と仕事をしています。15年の

つきあいですから、夫のことはよくわかっていたつもりでした。それでも仕事となれば、お互い持っているものさしが違い、当初は衝突することも多々ありました。そこで夫に変わってもらうことを求めるのではなく、伝え方を変えてみたり、自分の気持ちの持ち方を変えることで、少しずつ歩み寄り、折り合いがつき、今では、プライベートはもちろん仕事でも最も大切なパートナーです。

例えば挨拶をしてくれない後輩にもやもやしているのだとしたら、自分からとびきりの笑顔で挨拶してみる。

誰かにお願いした仕事が100点ではなくても、まかせた仕事は期待の半分で良いと気持ちを切り替える。

そうしているうちに、必ず**違う能力も伸びてきます**。

たとえ、すぐには事態が改善しないとしても、ただ大変だなと思いながら時間を過ごすより、まずは自分が変わることを試してみる。そのほうがずっと前向きで心がラクになります。

しんどいときに成長する

＊＊＊

会社員時代の同期入社の同僚から、「この言葉を大切にしている」と、教えてもらった言葉があります。

「しんどいときは、のぼり坂。」

今もことあるごとに、思い出す言葉です。実際の山歩きで、のぼり坂をのぼっているときは、しんどいですよね。だから、仕事で辛いと感じるとき、課題のハードルが高くて乗り越えられないと感じたとき、しんどいんだから、今、自分はのぼり坂をのぼっている。でも、のぼり坂ということは、その先には頂上があり、きれいな景色が待っている。見たい景色に出会うためなら、のぼり坂を歩くこともがんばれるのと同じで、しんどい今の状況を乗り越えれば、いいことがある。この坂をのぼりきったら、自分は一歩成長している、次のステップへと進める。そう思ったら、前向きに、辛い状況にも向き合える気がします。

つまり、**しんどいときは、成長の過程にある**んだと考えられるようになりました。しんどいからこそ、状況を打破するために工夫をしたり、なにかを変えてみようと考えたり、がんばらざるをえないから、新たな一歩を踏み出すきっかけになったり、気づきをくれたりもします。

反対に、「最近いろいろうまくいくようになった」「なんだか、仕事がラクになってうれしい」というときは、くだり坂ということもあります。会社員時代、自分のペースで仕事ができるようになり、いろいろアイデアも出せるようになって余裕が出てきたと感じていたころ、とても優秀な後輩が入社し、海外出張時に英語がペラペラと話せてびっくり。刺激を受けると同時に、余裕が出てきたと感じた頃にもっと勉強しておけばよかったと思ったこともありました。いろいろうまくいき、気持ちがラクになったときこそ、先々のことを考えて、次の一手を打っておくということが大切ということを学びました。

自分が落ち込むバイオリズムを知る

これまでに10冊著書を出しましたが、途中、迷うことなく一直線で本づくりができたということは一度もありません。毎回もがきながら、悩みながらの作業になります。「こんな内容じゃだめだ」「私の伝えようとしてることはこれでいいのだろうか……」と、本を出すことを諦めようと思うほどに落ち込むことも。でも、本づくりを繰り返すうちに、落ち込んだ後に必ずいいアイデアが生まれ、よりよい本にしていくための気持ちも再びわいてくるという自分のバイオリズムがわかってきました。それがわかってからは、落ち込むことがあっても、「きたきた、いつものあれだ」と以前より明るく、落ち込みに対して立ち向かえるようになってきました。**自分なりのバイオリズムがわかっていると、仕事も人生も少しだけラクになる**気がします。

自分の仕事が、どんなふうに社会につながっているかを書き出す

⁂

「企業の存在理由は社会貢献にある」

以前に勤めていた会社に入社したとき、研修初日に教えてもらった企業理念です。これは、私が仕事を続けていくうえでベースの考え方になっています。直接的にはわかりにくくても、どんな仕事でも、社会のなにかに、世の中の誰かにつながっていて、役立つものだと思っています。

自分の仕事が社会とつながっていることをいつも意識しています。例えば、私は自営業なので特殊ではありますが、収納のレッスンや著書の出版を通して、どこかのご家族の〝暮らしの仕組みづくり〟に役立ち、生まれた時間を前向きに使っていただくことに貢献したいと思っています。また、オリジナルのものづくり

をすることで、使ってくださる方の暮らしが少しでも楽しく、快適になることに役立ちつつ、つくってくださる町工場が元気になり、地域貢献にもつなげたいと願っています。

「自分の仕事には、なんの意味があるんだろう。続ける必要があるんだろうか」と、日々の忙しさの中で気持ちがささくれてしまい、仕事へのやりがいや、モチベーションが持てず、落ち込むことって、誰にでもあると思います。そんなときに、**自分のしている仕事の意義や、社会とどんな形でつながっているかを書き出してみる**ことをおすすめしたいです。

自分が直接その部分に関わっていないにしても、勤務している会社がつくり出しているサービスやモノが社会とどう関わっているのか、社会にどんな貢献ができているのか。一度、視野を広く持って考えてみると、「私が発注した材料は、あの地域の地場産業の発展につながっている」とか、「私が販売した商品は、誰かの暮らしをちょっとだけラクにすることに貢献した」とか、いろいろと見えてくることがあり、自分の仕事の意義を認識できるようになります。**意義を感じながら仕事ができれば、それは、自分の仕事時間を幸せにしてくれます。**

〝目を見て挨拶〟が仕事を円滑にする

「挨拶は、きちんと」。小さな頃から教えられてきたことですよね。でも、今さらですが、やっぱり挨拶は重要と、最近改めて感じることがあります。きっかけは、私が働く会社のスタッフの挨拶です。

彼女は、週に3、4回、14時まで働いてくれているスタッフ。ほかの人より早く帰宅するのですが、帰り際に必ず、体をきちんとみんなに向け、目を見て、すてきな笑顔で「おつかれさまでした」と挨拶をして帰っていきます。**たった一言の挨拶なのに、やっぱり気持ちがいい**もので、毎回すがすがしく見送れます。

誰でも、気持ちよく挨拶をしてくれる人には親近感を抱くし、助けになりたいとも感じるもの。**挨拶ひとつが、仕事をも円滑にしてくれる**のだから、やっぱり大切にしたいと、私自身も思っています。

CHAPTER 4
仕事がラクになるコミュニケーション&気持ちの片づけ

いいなと思ったことはメールでシェア

＊＊＊

新聞記事を読んでいいなと思ったり、今後なにかに役立ちそうと感じるアイデアを見つけたりしたら、今の仕事に直接関係あること、ないことにかかわらず、私はスタッフにシェアすることにしています。会社勤めをしていた頃から、いっしょのグループで働く同僚の間などでも行ってきました。

シェアすることは、

・仕事がラクになるテクニックなど、仕事の進め方のヒントになりそうなこと
・取引先やお客様から褒められたことなど、仕事のやる気が上がりそうなこと
・葛藤や悩みがありつつ、いきいきと働く方のインタビューなど、自分もがんばろうと思えるようなこと

など、前向きになれる話題にしています。

自分で一からメールを書いたり、人に説明したりするほどではないけれど、**読んで役に立つと思えば、シェア**。とくに最近は、新聞を切り抜いたり、写真をプリントしたりしなくても、その記事のURLをメールに貼ったり、写真を添付したりすることで簡単にシェアできるので、気軽です。読む側の負担にならないように、押し付けにならないように、「こんな記事見つけましたよ！」と軽く、そして、「返信不要です」との言葉も忘れずに添えるようにしています。実際は、そこからキャッチボールがはじまることも多いので、コミュニケーションのきっかけとしても役立っているなと思っています。

いいことを知ったら、自分だけの利益にするのではなく、みんなで共有。そして、自分がシェアするようになると、**ほかの人からも有益だったり、興味深かったりするようなシェアがもらえるようになる**ので、いい循環も生まれます。やっぱり自分だけのアンテナより、多くの人のアンテナのほうがよりたくさんの良質な情報をキャッチできます。そんなふうに仕事仲間の中に「いいな」を積み上げていくと、チーム全体の力になると思っています。

ひとことメモの効果

＊＊＊

やらなくてもいいことは省き、作業の時間を短縮したいと思っている私ですが、省くのは本当に不要なことだけ。一方で、一見、合理的でないように思えても、やっぱり**心を砕いて時間を割きたいのは、人とのコミュニケーション**です。

そのひとつとして、なにかを人に送るときや、提出するときなどに、添えるひとことメモは欠かさないようにしています。確認をしなければいけない書類に、なんのメッセージもないより、**手書きのメッセージがひとこと添えてあるだけで、人はやっぱり心が和む**のではないでしょうか。そんなささやかなことの重なりが、最終的に仕事をスムーズにします。メモを書くために必要なのは、ほんの数十秒。小さなようでいて実は大きな、省きたくない大切な時間です。

お疲れさまです。
A社さま企画の予算資料
です。よろしくお願いします！
佐藤

働く仲間へのＬＩＮＥは仕事時間以外は控える

確認したいこと、依頼したいことがすぐにやり取りできるＬＩＮＥは便利なツールです。プライベートだけでなく、仕事でも使うシチュエーションが増えてきました。私もスタッフとの間で使うことがありますが、**仕事の案件でＬＩＮＥを使うのは、仕事時間内か、緊急の連絡だけ**と決めています。

ＬＩＮＥは、今、みんながプライベートでよく使うツールです。仕事以外の時間帯には音が鳴るようにして、こまめに見ている人も多いはず。なのに、休日や夜に、突然仕事の内容が届いたら……。くつろいでいる気持ちから、一瞬で仕事へ引き戻されてしまいます。それを負担だと思う人もいます。本当に緊急なら、仕方がないことですが、そこまでではないなら、翌日か休み明けで十分。ＬＩＮＥ

でまで、仕事のやり取りをすることはないと考えています。

自分たちの中でルールをつくれる場合はいいですが、一方で、取引先だったり、上司だったり、「休日にＬＩＮＥで仕事のことは送らないで」とは、なかなか言えない相手もいます。気がついているのに返事をしないということも、やっぱりどこか心苦しく感じることですよね。

でも、もし負担に感じているなら、自分が変わってみる。まずは、**自分からは積極的に送らないというスタンス**になってみるのはどうでしょうか。気がついたらスムーズに返事はするものの、自分からの発信はＬＩＮＥではしないようにしてみる。それだけでやり取りは少しですが、確実に減ります。たとえ小さな行動だったとしても、自分が変わることで、相手の変化につながるかもしれません。

また**音やバイブを消し、必要なときにだけ見に行く**という方法もあります。能動的に自分から見に行くときなら、仕事ＬＩＮＥの負担も少し小さく感じます。すぐに既読にならないとわかれば、先方もＬＩＮＥ頼みにならなくなるかもしれません。プライベートも含め、ＬＩＮＥにふりまわされない暮らしにつながりますね。

鋭いことを指摘してくれる交友関係を大切にする

自分がなにか間違った選択をしそうなときに、「それは間違ってる」と真正面から言ってくれたり、良くないところを鋭く指摘してくれる友達。言われたときは耳が痛いかもしれませんが、**そんな友達こそ財産だと思っています**。

私は長い付き合いの友人たちとは、よくお互いの仕事の話をします。具体的な相談をすることもありますが、仕事内容や立場が違えば常識も異なるので、違う視点にハッとさせられたり、厳しいけれど的確な意見をもらえたり。子どもを通じて新しくできる友人にも、自分をオープンにして本音で話せる関係を心がけています。仕事を長く続けていると職場では意見が通りやすくなってきたりもしますが、だからこそ、**本音で鋭いことを言ってくれる関係が貴重**だと思っています。

CHAPTER 4

仕事がラクになるコミュニケーション&気持ちの片づけ

家族に仕事のことを話し、会社では、家族のことを話す

私は、**働くことは暮らすこととつながっている**と思っています。だから、夫にも子どもにも、私がどんなふうにどんな思いで働いているかを日頃から話すようにしてきました。すると、家族が私の仕事を理解してくれるようになったり、家事を分担してくれるようになったり。また、**やりがいをもって楽しく、親が働いていると伝えることは、子どもにもいい影響がある**と信じています。

一方、会社では、私は家族の様子をスタッフに話し、スタッフからも話してもらっています。互いの子どもに対して親近感がわき、突然の休みといった事態があっても、気持ちよくフォローしたいと思い、思ってもらえる関係を築くことにつながります。

おわりに

最後までお読みいただきありがとうございました。

フリーランスとなってから5年の月日がたちました。おかげさまで10冊目の著書となるこの本を出版することになろうとは、独立した当初の私は想像もついていませんでした。

たったひとりではじめた「ＯＵＲＨＯＭＥ」が、今では法人化し夫婦で経営、8名のスタッフに恵まれ、楽しみにお待ちいただくお客様のために、一生懸命前へと進んでいます。

フリーになった当時、これから先どうなるかがわからなかったのと同じように、組織になった今でも、正直言ってこれから先のことは本当に未知です。

でもきっとどんな状況になったとしても、今ある状況を〝整理して〟〝選びとって〃〃ちいさな工夫を積み重ねて〃いくことは変わらない、と、自信を持って言えます。魔法のようにうまくいくことが続くわけではなく、誰でも平等に与えられる24時間をうまく工夫していくことが、先につながるはずです。

この本のタイトルは「デスクと気持ちの片づけで　見違える、わたしの仕事時間」としました。手にとっていただいたのも何かのご縁かもしれません。読んでいただいた方の〃仕事時間〃に、何か気づきがあって、これからの仕事人生のなかで、自分はどうありたいのか、どうしていきたいのかを考えるきっかけのひとつになれたらとてもうれしく思います。

最後になりましたが、この度お忙しい仕事時間の中で取材やアンケートにご協力いただきましたみなさま、本当にありがとうございました。また、日頃から書籍やブログをご覧いただいておりますみなさま、そして、この本に関わってくださったすべてのみなさまに感謝をこめて。

２０１７年11月　Ｅｍｉ

デスクと気持ちの片づけで
見違える、わたしの仕事時間

著者
Emi

2017年11月15日　初版発行
2017年12月15日　2版発行

発行者
横内正昭

編集人
青柳有紀

発行所
株式会社ワニブックス
〒150-8482
東京都渋谷区恵比寿4-4-9 えびす大黒ビル
電話　03-5449-2711(代表)
　　　03-5449-2716(編集部)
ワニブックスHP
http://www.wani.co.jp/
WANI BOOKOUT
http://www.wanibookout.com/

印刷所
凸版印刷株式会社

DTP
株式会社オノ・エーワン

製本所
ナショナル製本

ISBN 978-4-8470-9598-6

SHOP LIST
コクヨ 0120-201-594
三星堂 おんらいん工房 ☎088-879-4363
シヤチハタ ☎052-523-6935
セキセイ 0120-281-281
ZEBRA 0120-555-335
Seria ☎0120-188-581
Sony 0120-777-886
トンボ鉛筆 0120-83-4198
PILOT ☎03-3538-3780
PLUS & PLUS ☎050-5587-8633
ロフト ☎03-3462-3807

※本書に記載されている情報は2017年11月時点のものです。商品の価格や仕様は変更になる場合もあります。

STAFF
撮影
仲尾知泰(カバー、帯、本文下記以外)
P136〜151／取材ご協力者様
P23マスキングテープ、P48〜53、P163／Emi
コラム／文京図案室

デザイン
三木俊一(文京図案室)

編集協力
加藤郷子

校正
東京出版サービスセンター

企画・編集
杉本透子

編集
八代真依(ワニブックス)